シリーズ 新約聖書に聴く

ペテロの手紙第一に聴く

地上で神の民として生きる

内田和彦［著］

いのちのことば社

はじめに

この手紙は、ギリシア語の原文でも、邦訳でも、「イエス・キリストの使徒ペテロから」という言葉で始まります。著者はまた、五章の冒頭で自らを「長老の一人」「キリストの苦難の証人」と呼んでいます。こうした言葉をそのまま受け取れば、十二弟子の一人、ガリラヤの漁師であったペテロが書いたものと考えられます。実際、古代教会において、ペテロの作であるとすることに異論はなかったようです。

ところが十九世紀になって、ペテロが著者であったことに疑いをはさむ人たちが出てきました。主な理由は以下のとおりです。(1) アラム語を母語としていたペテロが、この手紙に見られるような洗練されたギリシア語が書けたとは思えない。(2) 手紙には苦難や迫害が語られているが、本格的なキリスト教徒迫害は、ペテロの殉教後に始まっている。(3) 初めのあいさつをはじめとして、手紙の内容が、パウロ書簡とよく似ている。(4) ペテロが書いたにしては、イエスの生涯への言及が少なすぎる。

こうした疑問に対しては、私たちは以下のように答えることができるでしょう。

(1) ペテロの出身地のガリラヤは、「異邦人のガリラヤ」と呼ばれていたことからも分かるように、当時の世界共通語のギリシア語が併用されていました。それに、執筆に関わったシルワノ（五・一二）の貢献もあったかもしれません。

(2) ローマ帝国による組織的な迫害が始まる前から、この手紙に語られているような個人的、散発的な迫害はあったと思われます。

(3) パウロ的な表現はある程度、同行者シラス（使徒一五・四〇―一八・五）＝シルワノに由来するものかもしれません。また、初代教会における共通の告白として、ペテロ自身も共有していたと考えることができます。

(4) この短い書簡に何もかも盛り込むことはできません。逆に短い割には、主イエスの生涯や教えを背景にしていると思われる要素はいろいろとあります。たとえば、「目を覚ましていなさい」という勧めは（五・八）、主イエスのペテロに対する命令（マタイ二六・四〇―四一）を、また「神の羊の群れを牧しなさい」という勧めは（五・二）、「わたしの羊を牧しなさい」というイエスによる委託（ヨハネ二一・一六）を想起させます。「みな互いに謙遜を身に着けなさい」という教えは（五・五）、弟子たちの足を洗われたイエスの模範（ヨハネ一三章）にならうもの、イエスを「要石」とする表現は（二・六）、イエスご自身のたとえ話における「要の石」（マタイ二一・四二）に由来しているものと思われます。

この手紙が使徒ペテロによるものであるとすれば、手紙の末尾で「あなたがたとともに選ばれたバビロンの教会と、私の子マルコが、あなたがたによろしくと言っています」

（五・一三）と記していることも、納得ができます。というのも、パピアス、エイレナイオス、アレクサンドリアのクレメンスといった古代教会の指導者たちの証言を総合すると、ペテロが晩年ローマにいて、マルコを協力者としていたことが分かるからです。ローマを「バビロン」と呼ぶことは、ペテロだけでなく、やがてキリスト教徒の間でもユダヤ教徒の間でも行われるようになります。旧約聖書（詩篇一三七・一、イザヤ一三章、エレミヤ五〇―五一章等）にある、捕囚の地、傲慢で邪悪な都バビロンというイメージをローマに投影することは、自然なことだったのでしょう。

エウセビオスの『教会史』によれば、六四年に始まる皇帝ネロの迫害下のローマで、ペテロは殉教しました。とすれば、この手紙は六〇年代の前半に記されたものと考えられます。宛て先は、小アジア（現在のトルコ）の北部、中部、西部の広い範囲にわたって散在していたキリスト者たちです。ユダヤ人もいたでしょうし、異邦人もいたでしょうが、どちらかといえば、異邦人クリスチャンに宛てたものでしょう。彼らが以前は「神の民ではなかった」、そして偶像崇拝者であったと言われているからです（二・一〇、四・三）。

ガラテヤ人への手紙二章八節によれば、ペテロとパウロは役割分担をし、ペテロは「割礼を受けている者への使徒」とされましたが、それは異邦人伝道には一切関わりをもたないという意味ではありませんでした。使徒の働きによれば、異邦人の最初の回心者、カイサリアのコルネリウス一族を信仰に導いたのはペテロでした（使徒一〇・三四―四八）。その経験から、エルサレムにおける最初の教会会議の席で、割礼やモーセ律法を守らない異邦人も救われるという確信を明らかにしたのもペテロでした（使徒一五・七―一一）。

こうした事実を考慮するなら、ペテロが異邦人信者を中心とする教会に手紙をしたためることは、決して不自然なことではありません。ともあれ、小アジア（＝今日のトルコ）の広い範囲に点在する教会に、この手紙は回状として、つまり回し読みをするようにと送られたものと思われます。

この手紙は一世紀の教会のために書かれたものです。しかし、時代を超えて私たちキリスト者に語りかけてきます。それは、二千年後、私たちが生かされている世界も、神に背を向けた罪の世界であるからです。また、私たちも、ペテロが述べているような、神に選ばれ、救いの恵みをいただき、神の民として生きる者たちであり、そのような私たちのうちに、神は働いていてくださるからです。困難があります。苦しみがあります。誘惑があり、私たち自身の弱さもあります。迫害も起こってきます。ですから、この手紙のメッセージに耳を傾けることによって、苦しみにあってもなお喜ぶことのできるクリスチャン・ライフを送らせていただきたいと思います。

目次

はじめに
1 離散の寄留者、選ばれた人々へ〈Iペテロ一・一―二〉……11
2 神に選ばれた私たち〈Iペテロ一・二a〉……19
3 恵みと平安を祈る〈Iペテロ一・二b〉……28
4 生ける望みを持つように〈Iペテロ一・三―五〉……36
5 試練の中での喜び〈Iペテロ一・六―九〉……45
6 与えられている特権の大きさ〈Iペテロ一・一〇―一二〉……55
7 聖化の恵み〈Iペテロ一・一三―一六〉……61
8 神を恐れる生活〈Iペテロ一・一七―二一〉……70

9 互いに愛し合いなさい〈Iペテロ一・二二―二五〉……78
10 愛における成長〈Iペテロ二・一―三〉……86
11 霊の家に築き上げられる〈Iペテロ二・四―六〉……93
12 神の民として〈Iペテロ二・七―一〇〉……102
13 旅人・寄留者として〈Iペテロ二・一一―一二〉……111
14 市民としての責任を果たす〈Iペテロ二・一三―一七〉……119
15 苦しみを受けても〈Iペテロ二・一八―二三〉……127
16 私たちのために受けたキリストの苦しみ〈Iペテロ二・二一b―二五〉……133
17 たましいの牧者である方のもとに〈Iペテロ二・二四―二五〉……141
18 妻たちよ、夫たちよ〈Iペテロ三・一―七〉……150
19 祝福を受け継ぐために〈Iペテロ三・八―一二〉……158
20 義のために苦しむことがあっても〈Iペテロ三・一三―一七〉……166
21 キリストの苦難による救い〈Iペテロ三・一七―一八〉……173

22 苦難から栄光へ〈Iペテロ三・一九―二二〉……180
23 地上での残された時を〈Iペテロ四・一―二〉……188
24 神によって生きるため〈Iペテロ四・三―六〉……196
25 万物の終わりが近づいた〈Iペテロ四・七―一一〉……203
26 キリスト者として苦しみにあうなら、喜ぼう
〈Iペテロ四・一二―一九〉……212
27 神の羊の群れを牧しなさい〈Iペテロ五・一―四〉……221
28 互いに謙遜を身に着けなさい〈Iペテロ五・五―七〉……229
29 霊的な戦いを自覚し、神を信頼しよう〈Iペテロ五・八―一一〉……237
30 恵みの中に、しっかりと立って〈Iペテロ五・一二―一四〉……245
おわりに

1　離散の寄留者、選ばれた人々へ

〈Ⅰペテロ一・一―二〉

本日、二〇一七年の年頭から、ペテロの手紙第一の講解を始めたいと思います。まず、一章一―二節をお読みします。

「イエス・キリストの使徒ペテロから、ポントス、ガラテヤ、カパドキア、アジア、ビティニアに散って寄留している選ばれた人たち、すなわち、父なる神の予知のままに、御霊による聖別によって、イエス・キリストに従うように、またその血の注ぎかけを受けるように選ばれた人たちへ。恵みと平安が、あなたがたにますます豊かに与えられますように。」

1　イエス・キリストの使徒ペテロから（一節a）

この手紙を書いたのは「イエス・キリストの使徒ペテロ」です。もともとの名は「ヨハネの子シモン」ですが、兄弟アンデレに導かれて初めて主イエスに会ったとき、主が彼を「あなたはケファ（言い換えれば、ペテロ）と呼ばれます」と言われたため、ペテロと呼ばれるようになりました（ヨハネ一・四〇―四二）。ケファはアラム語で「石」のこと、ギリシア語のペテロも「石」を意味しています。

ペテロは漁師でした。ガリラヤ湖畔でイエスに従うようになりました（マルコ一・一六―二〇）。十二弟子のリーダー的な存在で、弟子たちを代表して、「あなたは生ける神の子キリストです」と告白したのもペテロです。その時、主イエスは「あなたはペテロです。わたしはこの岩の上に、わたしの教会を建てます」と言われました（マタイ一六・一五―一八）。

そのペテロが自分との関係を三回も否定することになると、主は最後の晩餐の席で言われました。ペテロは「あなたとご一緒なら、牢であろうと、死であろうと、覚悟はできております」と答えますが、その夜のうちに、言われたとおりになりました。「この人も、イエスと一緒にいました」と指摘されて、「いや、私はその人を知らない」と関係を否定したのです。ペテロは主を見捨てたことを後悔し、激しく泣きました（ルカ二二・三一―三四、五六―六二）。

しかし、三日後、よみがえられた主イエスが現れ、ペテロは立ち直りました。その後ガリラヤで、他の弟子たちとともに主と再会しました。徹夜で漁をして何も捕れなかったのに、主の言葉に従い、舟の右側に網をおろすと、百五十三匹もの大きな魚が捕れました。それから食事をした後で、「ヨハネの子シモン。あなたはわたしを愛していますか」と主に問われ、ペテロは「はい、主よ。私があなたを愛していることは、あなたがご存じです」と答えました。すると主は「わたしの羊を牧しなさい」と命じ、ペテロに新しい使命を与えられました（ヨハネ二一・一―一七）。そのペテロがこの手紙を書いているのです。

ペテロは、主イエスによって召されて弟子となりましたが、決して完璧な人ではありませんでした。性来の彼は、積極的であるが粗野で、即断するが性急で、情熱的であるが自分の思いで突き進むタイプでした。様々な弱さを抱える「普通の人」でした。「岩」と呼ばれながら、動じない存在では決してなく、どちらかと言えば「石ころ」のようなペテロでした。そのような彼が、いろいろな弱さや失敗を経験することを通して成長させられ、教会の指導者となりました。そして、このような手紙を書く者となったのです。

2　散って寄留している選ばれた人々へ（一節b）

さて、手紙の宛先は、一節後半から二節にかけて記されていますが、まず一節を見ていきましょう。そこには、「ポントス、ガラテヤ、カパドキア、アジア、ビティニアに散って寄留している選ばれた人たち」とあります。

(1) 選ばれた人たち

原文では最初の言葉が「選ばれた人たち」です。パウロは、手紙の宛先を「召された人たち」とか「聖徒たち」等と呼んでいますが、ペテロは「選ばれた人たち」と呼んでいます。ヨハネの福音書一五章一六節で主イエスはこう言っておられます。「あなたがたがわたしを選んだのではなく、わたしがあなたがたを選び、あなたがたを任命しました。」主イエスを信じ従うようになった私たちはみな、「選ばれた人たち」なのです。私たちが選んだのではありません。私たちは主によって選ばれたのです。選ばれるにふさわしいからではありません。選ばれたのは、ただ恵みによることです。

(2) 寄留者

第二に、ペテロは手紙の宛先を「寄留している」人々、「寄留者」と表現しています。「寄留者」とは、自分の国ではなく、他の国に滞在している人たち、外国に住んでいる人たちのことです。長く自分の国ではないところで生活している人々が「寄留者」です。私は、二十八歳から三十三歳までの五年間、アメリカとスコットランドに住みました。しばらく滞在していると、そこが自分の町であるような気持ちになりますが、やはり、そこは「私の国」ではありませんでした。自分が寄留者であることを意識させられたことが二度ありました。一度は警察に行って外国人登録をした時です。もう一度は、家の前の公園を散歩していて、すれ違った男性が「スコットランドはスコットランド人のものだ」とつぶやくのを耳にした時です。

アブラハムをはじめ旧約の時代の信仰者たちは、自分たちが「地上では旅人であり、寄留者である」という自覚をもって人生を歩んでいたと、ヘブル人への手紙一一章一三節は述べています。私たちは「地上では旅人であり、寄留者」なのです。この事実を「ポントス、ガラテヤ、カパドキア、アジア、ビティニア」、今日のトルコの国の西半分に住むクリスチャンたちに思い起こさせることをもって、ペテロは手紙を書き始めたのです。

(3) ディアスポラ(散って住む者たち)

ここで、もう一つの言葉が使われています。「散って」と訳されている言葉、ディアスポラというギリシア語です。あちこちに散って住んでいる者たち、「離散している者たち」のことです。紀元前六世紀、ユダヤ人は国を失い、中近東に散り散りになりました。約束の地ユダヤを離れて、あちこちに散在して暮らすようになったのです。このような彼らをディアスポラのユダヤ人と呼ぶようになりました。その後、彼らの一部はパレスティナに戻りましたが、多くの人々は、それぞれの地に散って暮らすようになりました。使徒パウロも、ディアスポラのユダヤ人でした。ペテロは、この言葉を、主イエスを信じるクリスチャンたちにも使うのです。一世紀半ば、イエスの弟子たちも、地中海世界の各地に散って住むようになっていたからです。

この「散って寄留している」という表現で、ペテロは、クリスチャンとはどういう者たちなのかを明らかにしています。第一は、帰るべき故郷があるという事実です。今は「散って寄留している」けれども、やがて帰ることになる天の故郷があるということです。

五年間、欧米に寄留者として暮らしていた私たちは、貧しい留学生でしたので、（義理の母が天に召されたとき、妻だけ帰国したのは別として）日本に帰ることはできませんでした。しかし、国に帰る日が来ることを楽しみに、五年間学びに励みました。それで、アメリカで生まれた長女には「しのぶ」という名前をつけたのです。故郷を偲びつつ生活していたからです。

私たちキリスト者は帰るべき故郷をもっています。地上の故郷と違い、まだ見ぬ故郷、天の故郷です。あらゆる罪と悪と災いから解放された永遠の世界です。私たちは、その故郷を仰ぎ見ながら寄留者として生きるのです。

第二に、「散って寄留している」私たちには、この地上で労苦しながら、忍耐しながら、果たすべき使命がある、ということです。神を知らない人々の間に、私たちは散って暮らしています。それは必ずしも容易なことではありません。誤解されるかもしれません。（実際、古代の教会のクリスチャンたちは、夫婦でも「兄弟姉妹」と呼び合ったので、近親相姦を犯していると誤解されました。）「付き合いが悪い」と批判されるかもしれません。不利な立場に置かれるかもしれません。しかし、そのような状況で忍耐し、神の愛と真実を証ししていく使命が与えられているのがキリスト者なのです。

実は、長女の名前「しのぶ」には、困難を忍ぶ、という意味もあったのです。

まとめ

きょうの箇所から、二つのことを心に留めていきたいと思います。

まず、この手紙を書いたペテロのことです。十二弟子のリーダーでありながら、ペテロはいろいろな弱さや失敗を経験してきました。「あんな人知らない」と主イエスとの関係を否定したことさえありました。ペテロは自分がどんなに弱い人間か思い知らされ、涙したのです。しかし、それにもかかわらず、いいえ、まさにそのような経験をしたからこそ、彼は教会の指導者となり、ケファ＝岩のような存在になりました。自分の性来の力、自分のもっている何かに頼ることはできないと徹底して知らされ、主に拠り頼む者となったからこそ、この手紙を書くことになったのです。

私たちもそうです。主が働いてくださいます。お育てくださいます。私たちも自分の肉の力でなく、私たちの弱さのうちに現される主の御力を体験させていただきましょう。

第二に、手紙の宛先人たちが、「選ばれた人たち」、ディアスポラの「寄留者」と呼ばれていることとです。私たちも、神に選ばれた者たち、ディアスポラの寄留者です。私たちには帰るところがあります。天の故郷があります。確かに、この地上で、悩みます。苦しみます。痛む者です。神を知らない人々の間で生きるために試みられます。しかし、私たちの労苦を主は知っていてくださいます。試練を用いて私たちを育ててくださいます。この地上で、神のみこころを行うために選ばれ、召されたのです。ですから、主がともにいてくださいます。天の故郷を仰ぎ見ながら、主を証しし、神の愛をお伝えしていきたいと思います。主の年二〇一七年、主に選ばれた者、ディアスポラの寄留者として、主とともに進んでいきましょう。

2　神に選ばれた私たち

〈Ⅰペテロ一・二a〉

元旦に、ペテロの手紙第一、一章一節から、差出人の使徒ペテロについて、また手紙の宛先の人々について学びました。後者は「ディアスポラ（散在）の寄留者」と呼ばれています。この言葉に、私たちキリスト者のアイデンティティー、私たちが何であるかが表現されています。私たちは天に国籍をもつ者として、今、この地上に散り散りになって寄留している者なのです。

そして、もう一つ、「選ばれた人たち」という言葉もありました。二節の前半は、この「選ばれた」ということについての説明です。「父なる神の予知のままに、御霊による聖別によって、イエス・キリストに従うように、またその血の注ぎかけを受けるように選ばれた人たちへ」とあります。この言葉から、「選び」ということについて、三つのことを教えられます。選びの土台、選びの方法、そして選びの目的の三つです。

1　選びの土台・父なる神の予知

まず、「父なる神の予知のままに」とあります。「予知」という言葉は、地震の予知、といったことで使う言葉です。前もって知る、あらかじめ知るということです。父なる神は、私たちのことを前もって知っておられ、それで選んでくださったのです。ローマ人への手紙八章二九―三〇節でも、神が「あらかじめ知っている人たちを」救いに召してくださったと言われています。

主イエスは弟子たちに向かい、神によって「あなたがたの髪の毛さえも、すべて数えられています」と語られました（マタイ一〇・三〇）。また、ヘブル人への手紙四章一三節は、「神の御前にあらわでない被造物はありません。神の目にはすべてが裸であり、さらけ出されています」と教えています。

考えてみれば当然のことです。そもそも私たちの命そのものが神によって与えられ、支えられているのですから、神が私たちのことをご存じなのは当然です。旧約の詩篇一三九篇一―四節で、ダビデは神に向かって、こう詠《うた》っています。

「**主**よ　あなたは私を探り　知っておられます。

あなたは　私の座るのも立つのも知っておられ
遠くから私の思いを読み取られます。
あなたは私が歩くのも伏すのも見守り
私の道のすべてを知り抜いておられます。
ことばが私の舌にのぼる前に　なんと主よ
あなたはそのすべてを知っておられます。」

二〇一六年にイギリスの人たちは国民投票を行い、EU、ヨーロッパ共同体から離脱する道を選びました。その直後に、後悔している人々のことが報道されていました。「すべての事実を知っていたら、離脱を選ばなかった」と悔やんだのです。

神は、私たちのことをよく知らないから選んだのではありません。すべてをご存じです。私たちがどれほど自分勝手か。どれほど弱いか。どれほど高慢か。そればかりでなく、私たちが何を必要としているか、私たちの性格や賜物、私たちのすべてをご存じです。私たち自身よりも、私たちのことを分かっていてくださるのです。それでも、私たちを選んでくださいました。

2　選びの実現・御霊による聖別

第二に、「御霊による聖別によって」という言葉があります。「御霊による聖別によって……選ばれた」とあります。神の選び、神に選ばれた者としての歩みが現実のものとなるのは、「御霊による聖別」を通してです。聖霊が私たちをきよめてくださることによって、選ばれた者としての私たちが形づくられていくのです。具体的には、どういうことでしょうか。

聖霊は私たちを覚醒させてくださいます。私たちは、自分の罪になかなか気がつきませんが、聖霊はそれを気づかせてくださいます。自分が罪の赦しを必要としていることに気づかせてくださいます。イエス・キリストの十字架に解決があることを分からせてくださいます。十字架を見上げさせ、自分の罪が償われ赦された喜びを与えてくださいます。信じた後も、自分が神から離れていたり、自分にプライドや高慢があったりすれば、それに気づいて悔い改めるようにと導かれます。また、神がともにいてくださること、神が愛してくださっていることを分からせてくださるのです。そのようにして私たちはきよめられていきます。

「聖別」＝聖く分かつ、ということは、簡単に言えば、「自分のもの」と握りしめていた自分の人生、自分という存在が、自分のものではなく神のものであることに気がついて、神に自分を献げ、神のものとして生きるということです。私たちはいろいろな弱さがあり、罪を犯すことも少なくありません。しかし、自分の人生を、自分を神に献げて生きるよう、聖霊は促してくださるのです。

大学四年生の時、私は自分の人生をどう歩んだらよいか分かりませんでした。そのころ、学園紛争が起こり、そこで挫折を経験しました。しかし、その経験の中で、自分の手に握りしめていたものを手放すよう、聖霊は促してくださいました。「献げよう」と思いました。このように、聖霊は私たちを聖別されるのです。それは、牧師や伝道者になることだけではありません。様々な仕事に就きながら、自己中心に生きるのではなく、神のしもべとして生きるよう、聖霊が促し、私たちは聖別されるのです。そこに、平安、自由、祝福があります。

3　選びの目的／結果(1)――キリストに従う

続いて「イエス・キリストに従うように」とあります。「イエス・キリストに従うように……選ばれた」とあります。選びの目的、結果です。私たちが選ばれたのは、「イエス・キリストに従うように」なるためなのです。

私たちはイエス・キリストを信じています。しかし、「信じる」ということは「従う」ということでもあります。パウロはローマ人への手紙の初めに（一・五）、自分が使徒としての務めを受けたのは、「すべての異邦人の中に信仰の従順をもたらすため」であるとしています。結び（一六・二六）でも、あらゆる国の人々に福音を伝えたのは「信仰の従順をもたらすため」だと記しています。「信仰の従順」という言葉は、「信仰という従順」とも訳せますし、「信仰による従順」とも訳せます。信じることと従うことは切り離すことのできないものなのです。

だいぶ前のことですが、赤城山で行われた青年キャンプに招かれたことがあります。その閉会礼拝で、当時今市《いまいち》で牧会しておられたS先生が、自分は朝の祈りで、「主よ、あなたを信じます。あなたに従います」と祈っていると話しておられました。信じるというだけでなく、従うことが大事だと教えられました。

確かに、信じるだけだったら、自分のために神を利用する自己中心的な信仰になってしまうかもしれません。そのような「信仰」は、早晩行き詰まるでしょう。信じるだけでなく従うという姿勢が確かに大切です。主に従っていかなければ分からないことが、しばしばあります。

4　選びの目的／結果(2)——キリストの血の注ぎを受ける

もう一つ、私たちが選ばれたのは、キリストの「血の注ぎかけを受ける」ためでした。「血の注ぎかけ」が何を意味するのか、旧約聖書を背景にして語るヘブル人への手紙を読むと、三つのことが分かります。第一に「罪のきよめの血」、第二に「契約の血」、第三に「聖別の血」です。

①ヘブル人への手紙九章二二節には、「律法によれば、ほとんどすべてのものは血によってきよめられます。血を流すことがなければ、罪の赦しはありません」とあります。九章一四節には、キリストの血が私たちの良心をきよめる、とあります。

神から与えられた良心は私たちに自分の罪を自覚させます。私たちは、神の前に立てない現実を意識して不安になります。そのような私たちが十字架のキリストを仰ぐとき、キリストの流された血によって自分が赦され、きよめられたことを知り、平安を得るのです。キリストを信じた時だけではありません。クリスチャンとして歩んで行くなかで、繰り返し自分の罪に気づかされ、十字架を仰ぎ、キリストの血による「罪のきよめ」を感謝するのです。

②キリストの十字架で流された血は「契約の血」でもあります。ヘブル人への手紙九章

一九―二〇節（出エジプト二四・三―八）によれば、モーセは「子牛と雄やぎの血を取って、契約の書自体にも民全体にも振りかけ、『これは、神があなたがたに対して命じられた契約の血である』と言いました」。旧約の時代、イスラエルの人々は、動物の血を流すことで、神の民とされました。血によって、神との特別な契約関係にあることを確認しました。同様に私たちも、キリストの流された血によって、神との特別な関係に入ることができ、神の民として歩むことができるのです。

③さらに、キリストの十字架で流された血は「聖別の血」です。旧約の時代、祭司たちは血と注ぎの油を振りかけられて、聖所に入り、神の御前に立ち、祭司としての務めをすることができました。つまり、血によって聖別されたのです（ヘブル一〇・一一―二二、出エジプト二九・二一）。私たちもキリストの血の注ぎを受けて、神に用いられていくのです。

「罪のきよめ」、「契約」、「聖別」は互いに切り離すことはできません。私たちはキリストの血の注ぎを受けて、罪をきよめられ、神の民とされ、神の臨在に進むことができ、神が与えてくださる働きにあたることができます。そのようなキリストの血の注ぎを受けるようにと、私たちは選ばれたのです。

結　び

父なる神は、私たちのすべてをご存じで、そのうえで私たちを選んでくださいました。聖霊なる神は私たちの心に語りかけ、心を神ご自身に向けさせてくださいます。私たちはイエス・キリストに従うようになり、その血によって罪の赦しを受け続け、聖別された神の民として生きるようになりました。父なる神、御子イエス・キリスト、聖霊なる神、つまり三位一体の神が私たちの人生に、日々の歩みに関わり、導いてくださるのです。それが、神に選ばれた結果です。万物を創造された三位一体の神が、私たち一人ひとりに個人的に関わってくださっていることを喜び、感謝したいと思います。

3　恵みと平安を祈る

〈Ⅰペテロ一・二b〉

新約聖書は二十七の書物から成り立っていますが、そのうち二十一が書簡、手紙です。そのすべてではありませんが、同じような書き出しで始まっています。「だれだれから、どこどこ／だれだれへ。恵みと平安があなたがたにありますように」といった書き出しです。今年の元旦から講解を始めたペテロの手紙第一もそうです。

「イエス・キリストの使徒ペテロから、ポントス、ガラテヤ、カパドキア、アジア、ビティニアに散って寄留している選ばれた人たち、すなわち、父なる神の予知のままに、御霊による聖別によって、イエス・キリストに従うように、またその血の注ぎかけを受けるように選ばれた人たちへ。恵みと平安が、あなたがたにますます豊かに与えられますように。」

使徒ペテロが差出人で、宛先が小アジア（今日のトルコの北西部）の教会、そして最後に恵みと平安を祈る祈りがあります。すでに二回にわたって差出人と宛先のクリスチャンたちのことを見てきました。きょうは最後の祈りの言葉に注目したいと思います。

1　祈りで結ぶ冒頭のあいさつ

実は、手紙の冒頭のあいさつをこのような祈りで結ぶのは、当たり前ではありません。この時代の手紙は、「あいさつを送ります」といった言葉で結ぶのが普通でした。つまり、普通の形式に従えば、「使徒ペテロから、小アジアに散って寄留している選ばれた人々に、あいさつを送ります」と書くところです。実際、ヤコブの手紙は、普通の形式にならい、「あいさつを送ります」と結んでいます。

しかし、パウロの手紙やペテロの手紙は、初めのあいさつを祈りで結ぶのです。それは、新約聖書に収められた書簡の性質を考えれば、当然のことです。なぜ手紙を書き送るのか。その目的は、受け取る人々に神の祝福を届けることです。神の祝福を心から願って手紙を書いているのです。祈りをこめて書いているのです。親愛の情をこめて「あいさつを送ります」でも良いかもしれませんが、やはり神の祝福を祈らずにはいられません。それで初めのあいさつが祈りで終わるのです。

他の人のために祈れるということは幸いなことです。皆さんはどうでしょうか。今朝、だれかのために祈りましたか。だれかが神による祝福にあずかることができるように、祈っておられますか。

2　恵みを祈る

さて、その祈りの中身は何でしょうか。「恵みと平安」です。「恵みと平安」があるようにと祈っているのです。あまりにも慣れ親しんでいる言葉なので、あまり考えもせず読み過ごしてしまうかもしれませんが、少し立ち止まって考えたいと思います。

「恵み」という言葉は、キリスト教信仰の最も重要な言葉の一つです。新改訳聖書では新約に百四十回ほど出てきます。旧約まで含めると、なんと三百七十回にもなります。○○めぐみ教会のように、教会名にも「めぐみ」が登場します。クリスチャンの家庭で女の子が生まれると、「恵／めぐみ」という名をよくつけます。皆さんの中にも「めぐみさん」が何人かおられます。

「恵み」とは、それに値しない者に神が何かを与えてくださることです。「恵み」は、ふさわしくないのに、良くしてもらうこと。してもらえなくても仕方ないのに、してもらう必然性はないのに、自分が必要としていることを与えてもらうことです。「過分の恵み」といった言葉もあります。受ける資格のない私たちに、神が良くしてくださることが「恵み」です。

それでは、「恵み……が、あなたがたにますます豊かに与えられますように」と祈ることには、どのような意味があるのでしょうか。すでに神は、本来は受ける資格のない者に祝福を与えてくださっているけれども、もっとお与えくださるように、という意味でしょう。

すでに私たちは、実に多くのものを、神から与えられています。この命、空気、水、地球環境、食べる物、着る物、共に生きる家族や友人、見る力、聞く力、話す力、考える力、美しい花や、木々、食べる力、食事を楽しむこと、実に多くのものを受けています。ただし、中には、「自分は十分には与えられていない」「恵みを受けていない」という人もいるでしょう。しかし、何も受けていないかといえば、そうではないでしょう。何もかもすべてが揃っていなくても、だれもが多くのものを神から受けていると思うのです。

星野富弘氏のカレンダー、今年の一月、二月のところにある詩を思い出しました。

「手と足が不自由になって　歩けなくなりました
土を掘ることも　スキーをすることも　出来なくなりました
でも神様ありがとう　あなたが持たせてくれた
たった十グラムの筆ですが　それで私は花を咲かせたり

雪を降らせたり出来るのです　神様ほんとにありがとう」

恵みを感謝するということは、今、自分に与えられているものが、どれだけあるかということにはよらないようです。

そう考えると、ペテロは、「恵みが与えられていることに、あなたがたがもっと気がつくように」という祈りを記したほうが良かったのではないか、と思ったりします。でも、さらに考えてみると、やはり「恵み……が、あなたがたにますます豊かに与えられますように」と祈るので良いのだと思うに至りました。神の恵みを恵みとして受けとめ、喜び感謝すること自体、私たち人間の力ではできないこと、神の恵みだからです。

たくさんのものを与えられていながら、不安いっぱいの人もいます。他方、与えられているものは僅かでありながら、満ち足りた思いで人生を生きている人もいます。明らかに、後者のほうが、神の恵みを豊かに体験しています。何が与えられていないか、ではなく、自分に与えられているものに心を向け、感謝し、喜びのうちに生活することが、まさに恵みなのです。恵みがますます豊かにされていく経験なのです。

ペテロが手紙を宛てているのは、クリスチャンとして生きるうえで、様々な困難にあっている人たちでした。ですから、意気消沈するのではなく、神から多くの恵みを受けていることに気がついてほしい。恵みのすばらしさを知り、困難はあっても喜んで生きてほしい。また、困難の中で神の助け、支えを経験してほしい。そんな思いで、ペテロは手紙を書いたのです。それで、「恵み……が、あなたがたにますます豊かに与えられますように」と祈るのです。

3　平安を祈る

ペテロのもう一つの祈りは、「平安」です。「平安が、あなたがたにますます豊かに与えられますように」という祈りです。

新しい聖書の翻訳で、この言葉を訳すのに少々困難を覚えました。結局「平安」という、これまでの訳をそのまま採用したのですが、「平和」と訳す可能性も考えました。「平安」と「平和」では、だいぶ感じが違ってきます。「平安」は心の平安、内面的なものです。「平和」は、世界の平和、社会の平和、家庭の平和というように、争いのない状態です。「平安」と「平和」の両方を意味するような言葉があったら良いのですが、残念ながらありません。それで、これまでどおり「平安」とすることになりました。

この言葉の背後には、ヘブル語の「シャローム」があります。たびたび使うあいさつの言葉です。朝昼晩、「シャローム！　平和／平安があるように」とあいさつを交わします。しかし、シャロームは単なる平和、平安ではありません。シャロームは、神との正しい関係にあること、神の御心が実現していることで、「平和、平安」はその結果なのです。ローマ人への手紙五章一節でパウロはこう書いています。「私たちは信仰によって義と認められたので、私たちの主イエス・キリストによって、神との平和を持っています。」神に喜ばれ、神に受け入れられ、神との幸いな交わりの中にあるのがシャローム、「神との平和」なのです。

心の「平安」は大事です。世界の平和、社会の平和、家庭の平和も大事です。しかし、もっと大事なのは、「神との平和」です。「神との平和」があって初めて、心に「平安」が与えられ、世界の平和、社会の平和、家庭の平和が生まれます。その大切な神との和解、平和は、神の前に自らの罪と無力に絶望し、キリストの十字架を仰ぎ、自分が赦されたことを知る者に訪れます。

宗教改革者が掲げたことの一つは「恵みのみ」(sola gratia) でした。神の御前にまったく無力な私たちを、神は、キリストの十字架の犠牲のゆえに、一方的に義と認めてくださる、その恵みは、百パーセントの恵みです。その恵みをルターは聖書のうちに再発見し、「恵みのみ」という言葉を掲げたのです。ルターは「神の前で不安な良心をもった罪人であると感じていた」修道士でしたが、この真理を理解したとき、「自分が生まれ変わったかのように、また開かれた門を通って天国そのものに入ったかのように」感じた、と書いています。ルターが神との平和を得、心の平安を得た瞬間でした。

結　び

　そのような平和、平安を、一人ひとりが自らのものとして喜び、神の恵みを感謝して生きることをペテロは願い、このあいさつを締めくくったのでした。「恵みと平安が、あなたがたにますます豊かに与えられますように。」　あなたは、神の恵みを受け取り、平安を得ていますか。

4　生ける望みを持つように

〈Ⅰペテロ一・三―五〉

「私たちの主イエス・キリストの父である神がほめたたえられますように。神は、ご自分の大きなあわれみのゆえに、イエス・キリストが死者の中からよみがえられたことによって、私たちを新しく生まれさせ、生ける望みを持たせてくださいました。また、朽ちることも、汚れることも、消えて行くこともない資産を受け継ぐようにしてくださいました。これらは、あなたがたのために天に蓄えられています。あなたがたは、信仰により、神の御力によって守られており、終わりの時に現されるように用意されている救いをいただくのです。」

1　神への賛美（三節a）

あいさつの言葉に続いて、ペテロは神を賛美します。「私たちの主イエス・キリストの父である神がほめたたえられますように。」　この賛美の言葉は、パウロがエペソ人への手紙で、あいさつに続いて記していている賛美とまったく同じです。パウロは他の手紙でも、このような賛美や感謝を記しています。

手紙を書くのは、何か問題があって、それを解決しようとしているからです。しかし、パウロもペテロも、あいさつに続いてすぐにその問題を取り上げることをしません。本題に入る前に、神をほめたたえ、神の恵みを思い起こします。それは大切なことです。私たちの問題、課題の多くは、神に心を向けなければ解決しないからです。

ここで、神は「主イエス・キリストの父である神」と言われています。神はこの宇宙を造られた方ですから、私たちの理解をはるかに超えた方です。目に見えない方ですから、つかみどころのない存在と思いがちです。しかし、神は「主イエス・キリストの父である神」なので、遠くにでなく、近くにいてくださる方であることが分かります。私たちはイエス・キリストに目を注ぐことによって、神がどのような方かが分かります。神は、私たちが必要としていた救い主イエス・キリストをこの世界に遣わしてくださいました。私たちにいつくしみの眼差しを注いでいてくださっている方です。「主イエス・キリストの父である神」であるだけでなく、キリストにつながる私たちも、この方を「天の父」「天のお父さま」とお呼びすることができるのです。

2　新生という神の恵み（三節b）

続いてペテロは、神が何をしてくださったかを語ります。「神は、ご自分の大きなあわれみのゆえに、イエス・キリストが死者の中からよみがえられたことによって、私たちを新しく生まれさせ、生ける望みを持たせてくださいました。」神は私たちを新しく生まれさせてくださいました。新生、新しい誕生、新しいいのちをお与えくださったのです。この新生の恵みについて、三つのことを教えられます。

⑴　新生の土台・神の憐れみ

私たちが新しいいのちを与えられたのは、それにふさわしいからではありません。「神は、ご自分の大きなあわれみのゆえに」とあるように、ひとえに神のあわれみのゆえです。新生の基盤、土台は神のあわれみです。

私たちは、神がお与えくださった霊的ないのちを失っていました。神を愛し、互いに愛し合うことができる豊かないのちを失い、霊的に死んだ状態でした。罪に支配され、悪魔に翻弄され、滅びに向かっていた私たちの悲惨な状態を、神はあわれんでくださったのです。自分の悲惨な状態に気がついていない私たち、「これではいけない」と思っても自分の力で永遠のいのちを得ることができない私たちを、あわれんでくださいました。その大きな豊かなあわれみのゆえに、私たちに新生の恵みが与えられたのです。

(2) 新生の方法・キリストの復活

第二に、「神は……イエス・キリストが死者の中からよみがえられたことによって、私たちを新しく生まれさせ」とあります。新生の方法は、「イエス・キリストが死者の中からよみがえられたこと」、復活です。イエス・キリストは十字架で死なれましたが、三日目によみがえられました。それで、私たちが新しく生まれることが可能になったのです。私たちが救われるのは、霊的な意味でイエス・キリストと一つにされるからです。私たちがキリストを救い主として受け入れるとき、私たちはキリストと共に死に、キリストと共によみがえったのだ、とパウロは教えています（ローマ六・三―八）。それで、キリストは私たちのすべての罪を引き受け、代わりに私たちはキリストの義が与えられるのです（Ⅱコリント五・二一）。キリストが死者の中からよみがえられた、そのいのち、その力が私たちに与えられたのです。それが新生です。

(3) 新生の結果・生ける望み

第三に、「私たちを新しく生まれさせ、生ける望みを持たせてくださいました」とあります。新生の結果は生ける望みです。「望み」とか「希望」とかいうと、なんだか頼りない感じがするかもしれません。「私は望みます」というと、願っているけれども難しいだろうな、という感じがするかもしれません。しかし、新約聖書に教えられている希望、望みは違います。今はまだ手に入れていない、実現していないが、やがて間違いなく与えられるものを待ち望む、それが望みです。ですから、「生ける望み」と表現するのです。

3　生ける望み・相続財産（四―五節）

それでは、いったい何が「生ける望み」なのでしょうか。望みの内容は何でしょうか。四―五節がそれを明らかにしています。「また、朽ちることも、汚れることも、消えて行くこともない資産を受け継ぐようにしてくださいました。これらは、あなたがたのために天に蓄えられています。あなたがたは、信仰により、神の御力によって守られており、終わりの時に現されるように用意されている救いをいただくのです。」生ける望みの内容は、「資産を受け継ぐ」ことです。私たちには相続することが予定されている資産があるのです。この「資産」について、ペテロは三つのことを明らかにしています。

⑴　失われることのない資産

第一に、私たちが受け継ぐ資産、財産は、「朽ちることも、汚れることも、消えて行くこともない資産」です。私たちが現在の人生において獲得していくものは、朽ちていくもの、消えていくもので、永遠のものではありません。

聖書は、私たちの人生が夢や幻、空しいものだと教えているわけではありません。いろいろな困難に直面しつつ、様々な弱さを抱えながら、それぞれ人生を精いっぱい生きていくよう励まします。人生はそれぞれかけがえのないものであり、永遠につながるものです。しかしまた、この地上のものが最終的なものでないことも確かです。それに対して、神が私たちに備えてくださっているものは、失われていくものではありません。なぜかといえば、それは「天に蓄えられて」いる資産だからです。

(2) すでに天に蓄えられている資産

私たちの資産は天に蓄えられている財産です。「これらは、あなたがたのために天に蓄えられています」とあるとおりです。「蓄えられている」という言葉は完了形です。これから蓄えるのではなく、すでに蓄えられているのです。

私どもが四十代のころ、子どもたちのために、貯金通帳を作りました。お年玉など、ささやかながらその口座に蓄えていったのです。子どもたちは、小さかったころ、そんな口座があることを知りませんでした。しかし、本人は知らなくても、すでに蓄えはなされていました。私たちの天上の資産もそうです。天の父はこれから通帳を用意するのではなく、通帳はすでに用意されています。すでに蓄えられているのです。しかも、「天に蓄えられています」から、天国銀行ですから、倒産の心配はありません。そこには、罪から解放され、喜びに満ちた神との交わり、愛に満ちた互いの交わりが備えられているのです。

(3) 地上における守り

第三に、この資産は天に蓄えられているだけではありません。終末が到来したときに受け取るだけではありません。現在の人生においても、その資産の恩恵にあずかることができます。

五節に語られている神の守りです。「あなたがたは、信仰により、神の御力によって守られており、終わりの時に現されるように用意されている救いをいただくのです。」

「守られており」という言葉、フルーレオマイは軍隊用語です。護衛の部隊がついているように、神が確かなガードをしてくださっているのです。新約聖書は、そのことを繰り返し教えています。ピリピ人への手紙一章六節でパウロは「あなたがたの間で良い働きを始められた方は、キリスト・イエスの日が来るまでにそれを完成させてくださる」と、確信をもって語っています。パウロはまた、コリント人への手紙第一、一章八節で、「主はあなたがたを最後まで堅く保って、私たちの主イエス・キリストの日に責められるところがない者としてくださいます」と記しています。それで私たちは、コリント人への手紙第

二、四章八節で言われているような歩みができるのです。「私たちは四方八方から苦しめられますが、窮することはありません。途方に暮れますが、行き詰まることはありません。」このように神が守りの御手を置いてくださっているので、私たちは「終わりの時に現されるように用意されている救いをいただく」ことができるのです。終わりの日に明らかにされる救いにあずかることができるのです。

私たちはきょうのみことばから、特に二つのことを心に留めたいと思います。第一に、私たちに与えられている望みのすばらしさです。それは天に蓄えられている相続財産です。私たちは年金のことや老後の備えのことを心配します。確かに老後の備えは大切です。とすれば、永遠の備えはもっと大切です。イエス・キリストによって、キリストを信じることによって、永遠の保証が与えられていることは、どんなに幸いなことでしょう。

第二に、そのすべては神の恵みによること、神の憐れみによること、神のわざです。神は——私たちを新しく生まれさせてくださいました。

——「生ける望み」を与えてくださいました。

——決して失われない資産を受け継ぐようにしてくださいました。

——すでに相続財産は「天に蓄えられ」ています。

——私たちは神の御力によって守られています。

——救いの完成は、神によって用意されています。

すべては神のわざ、神の恵みなのです。感謝しましょう。

このような恵みが主にあって与えられていることを喜びたいと思います。私たちにも与えられていることを喜びましょう。その生ける望みを喜び、感謝しつつ、自分に与えられている人生を、勇気をもって歩んでいきたいと思います。

5　試練の中での喜び

〈Ⅰペテロ一・六―九〉

「そういうわけで、あなたがたは大いに喜んでいます。今しばらくの間、様々な試練の中で悲しまなければならないのですが、試練で試されたあなたがたの信仰は、火で精錬されてもなお朽ちていく金よりも高価であり、イエス・キリストが現れるとき、称賛と栄光と誉れをもたらします。あなたがたはイエス・キリストを見たことはないけれども愛しており、今見てはいないけれども信じており、ことばに尽くせない、栄えに満ちた喜びに躍っています。あなたがたが、信仰の結果であるたましいの救いを得ているからです。」

1　試練の中での喜び（六節）

「そういうわけで」とあります。三―五節でペテロが書いてきたことです。私たちが霊的に新しく生まれることができた「新生の恵み」、その結果、「生ける望み」が与えられ、朽ちることのない資産が天に蓄えられていること、現在も神の力に守られていることです。それで喜ばずにはいられない、というのです。

私たちはどうでしょう。私たちは何を喜んでいるでしょうか。学校に合格した。仕事がうまくいった。ボーナスが出た。もちろん、喜んでよいことです。感謝なことです。しかし、うまくいかないこともありますね。うまくいかないことのほうが多いかもしれません。うまくいかないとき、自分の願っていたようにならなかったときは、がっかりしますね。それで、神に祈ってもしようがない、神を信じても意味がない、となるのでしょうか。私たちクリスチャンの究極の喜びは、神が行ってくださったこと、神が約束しておられること、それゆえの喜びなのです。そのことを確認したうえで、六節後半に進みましょう。

「今しばらくの間、様々な試練の中で悲しまなければならないのですが」とあります。この手紙の読者はどんな試練にあっていたのでしょうか。読み進むと、いろいろな試練に直面していたことが分かります。彼らは、

- 何かのことで悪人呼ばわりされていました（二・一二）。
- 奴隷として、主人から不当の仕打ちを受けていました（二・一九）。
- だれかから脅されていました（三・一四）。
- 身体に危害を加えられる可能性がありました（四・一）。
- 放蕩に加わらないために、悪く言われていました（四・四）。

・キリストを信じているということで、非難されていました（四・一四）。彼らは周囲の人々の反発、悪意、嘲笑の的になっていたのです。それは悲しくつらいこと、不安なことだったでしょう。それなのに、心には不思議な喜びがあったのです。

2　試練にあう理由（七節）

しかしながら、神が守っていてくださるというのであれば、どうして神の子たちがつらい目にあうのでしょうか。続く七節から、その理由が分かります。「試練で試されたあなたがたの信仰は、火で精錬されてもなお朽ちていく金よりも高価であり、イエス・キリストが現れるとき、称賛と栄光と誉れをもたらします。」神の子たちを試練にあうことを、神はあえてお許しになるのです。しかし、それには二つの理由、目的があります。

⑴　信仰が練られる

一つは、試練によって信仰が練られるということです。ペテロはここで、金の精錬のことを思い起こすよう促しています。

だいぶ前のことですが、テレビ番組で、コンピューターのチップに使う素材の精錬を扱っていました。不純物を除くことで、真に価値あるものとなっていく様子が分かりました。

新約聖書の時代はコンピューターのチップはありませんから、ペテロは金の精錬に言及します。金は火で精錬されてこそ値打ちのあるものになります。しかしまた、その金でも私たちの永遠を保証し、支えるものではありません。失われていくもの、朽ちていくものです。それよりも尊いものが、試練によって生まれてくる、というのです。

以前、咳がなかなか止まらず、夜よく眠れないことがありました。布団の中で「主よ、助けてください」と真剣に祈りました。そのとき、普段どれだけ真剣に祈っているだろうかと考えさせられました。自分の信仰が表面的なものになっていたことに気づかされたのです。またそれとともに、喘息に苦しむ人のつらさを思いました。他の人に対する気持ちも変えられていく経験でした。確かに試練は私たちを変えていきます。パウロはローマ人への手紙五章三―四節で「苦難が忍耐を生み出し、忍耐が練られた品性を生み出」すと書いていますが、そのとおりです。

⑵ キリストの現れの時に称賛と光栄と誉れに至る

私たちが試練にあうもう一つの目的は、「称賛と栄光と誉れをもたら」すことにあります。この言葉には二重の意味があるのかもしれません。二つの可能性があり、どちらとも決めがたいのです。試練にあって苦しんでいる私たちは、今は分からないが、キリストが再び来られるとき、どうして苦しまなければならなかったかが分かり、神に称賛と栄光と誉れを帰すことになるということが一つ。それから、試練にあって苦しんだ者たちが神から称賛と栄光と誉れを受けることになる、ということが一つです。主イエスのたとえ話に出てくるしもべのように、「よくやった。良い忠実なしもべだ。……主人の喜びをともに喜んでくれ」と言われるのです（マタイ二五・二一）。

それから、「イエス・キリストが現れるとき」という言葉も見落としてはなりません。「現れ」という言葉は、ギリシア語のアポカリュプシスという言葉です。これは、遠くにいた者がやって来るということではありません。むしろ、ずっと共にいたけれども、隠されていたその存在が明らかにされるという意味です。主は私たちに約束しておられます。「わたしは世の終わりまで、いつもあなたがたとともにいます」（同二八・二〇）。ですから、今も主は、苦しむ私たちと共にいてくださいます。私たちの肉の目には隠されていて、見えないかもしれませんが、信仰の眼を開いて、共にいてくださる主を見せていただきましょう。

このアポカリュプシスという言葉は、ヨハネの黙示録のタイトルでもあります。「ヨハネの黙示録」は「ヨハネのアポカリュプシス」なのです。そこには、苦難の後に、キリストが再び来られて、新しい天と地が現れ、罪と死から完全に解放された世界が現れることが語られています。そのとき、完全な意味で、私たちは神に称賛と栄光と誉れを帰して礼拝をささげ、同時に、神から称賛と栄光と誉れを受けることになるのです。

3　見なくても信じ愛する喜び（八―九節）

続いて、八節にはこう書かれています。「あなたがたはイエス・キリストを見たことはないけれども愛しており、今見てはいないけれども信じており、ことばに尽くせない、栄えに満ちた喜びに躍っています。」 なんと美しい言葉でしょうか。クリスチャンとは何であるかを、最も美しく描写した言葉ではないでしょうか。

この手紙を書いたペテロは、主イエスの十二弟子の一人で、約三年間、主と寝食を共にしました。主の教えを聴き、主がなさった奇跡を見、人々に対して主が注がれた愛に直接触れることができました。けれども致命的とも言える失敗も経験しました。自分の身を守るために、とっさに「あんな人、知らない」と、主との関係を否定したのです。しかし、そのようなペテロを主はお見捨てになりませんでした。

主が復活なさった後、男の弟子たちの中で、最初に主がご自身を現されたのは、ペテロでした。そして、何日かしてガリラヤ湖畔で再会したとき、主からこう質問されました。「ヨハネの子シモン。あなたはわたしを愛していますか。」 ペテロはこう答えました。「はい、主よ。私があなたを愛していることは、あなたがご存じです」（ヨハネ二一・一六）。ペテロは主に従って来ました。一番弟子を自任していました。主のためなら投獄されても、命を脅かされても、と決意していました。彼の心の中には、メシアである主イエスに従い、主が神の国を樹立したあかつきには、高い位に就くのだという野心がありました。しかし、そのような野心も、覚悟も、主の弟子であるというプライドも、粉々に砕かれてしまったのです。そのような経験を通して、ペテロは、何よりも主を信頼して従っていくことの中心にあるものは、主に対する愛であることを知らされたのです。

やがて、主イエスは、彼らのもとから去って行かれました。復活したイエスは四十日、弟子たちと共にいて、天に昇られたのです。主はもはや、目に見える形ではおられません。しかしその後、弟子たちは、聖霊が注がれるという経験をしました。それからは、目に見える形で自分たちと共におられないにもかかわらず、主が共にいてくださり、自分たちは主を信頼し、主を愛しているという思いがありました。その思いの中で、彼らはエルサレムとその周辺から始まり、パレスチナ地方、そしてシリアやトルコの各地にまで、主イエスを伝えて行ったのです。

ペテロたちの話を聞いて、各地に散っていたディアスポラのユダヤ人たち、またユダヤ教の会堂に出入りしていた異邦人たちは、イエスこそ救い主であると信じました。十字架にかけられたけれども、復活したイエス、いえ、十字架で死んだからこそ、自分たちの救い主となられたイエスを信じるようになりました。彼らはまさに、「イエス・キリストを見たことはないけれども愛しており、今見てはいないけれども信じており、ことばに尽くせない、栄えに満ちた喜びに躍って」いたのです。

主イエスの公生涯の三年間、共に過ごしたペテロたちにとって、これは驚きだったでしょう。自分たちの話を聞いただけなのに、まるで主が共におられるかのように、信仰と愛を主にささげ、喜びに溢れていたのですから。彼らはクリスチャンになることによって、誤解されたり、中傷されたり、社会的に不利な立場に置かれたりしていたのに、喜びに溢れていたのですから。


やがてペテロたちはそこに、イエス・キリストによる救いの現実があることを知りました。単なる言葉や理屈、単なる思想ではなく、復活されたイエスが共におられ、彼ら一人ひとりのたましいのうちに働きかけ、救いの喜びを与えてくださっている現実を知ったのです。それで、ペテロは続けてこう記すことができました（九節）。「あなたがたが、信仰の結果であるたましいの救いを得ているからです。」肉の目では見ていないキリストを信頼し、愛している事実こそ、まさに救われていることを示すしるしでした。

二百年前のヨーロッパを一時的に制覇したナポレオンは、次のように語ったそうです。

「人々に影響を与え、彼らを動かすことができる並外れた力が、アレクサンドロスやシャルルマーニュ（八〇〇年、ローマで戴冠）や私に与えられてきた。しかし、私たちの場合、そこに本人が存在するということ、その眼、その声、その手がなくてはならなかった。それに対し、イエス・キリストの場合は、千八百年間、眼に見える形で、肉体をもって存在していなかったのに、自分の臣下に影響を与え、命令を下すことができた。」

最高権力者の地位に上りつめたナポレオンは、自分自身がいない場面で、いかに人々が自分の思うように動いてくれないか、ということを経験していたのでしょう。自分自身がそこにいるかいないかによって、まったく違ってくる現実を目の当たりにしてきたのです。それだけに、いなくなって千八百年にもなるイエス・キリストに、おびただしい数の人々が愛と献身をささげていることが、不思議でならなかったのです。

確かに、主は、「眼に見える形で、肉体をもって存在して」いませんでした。しかし、主はおられなかったのではありません。「見よ。わたしは世の終わりまで、いつもあなたがたとともにいます」（マタイ二八・二〇）、「二人か三人がわたしの名において集まっているところには、わたしもその中にいるのです」（同一八・二〇）と主は約束されたのです。

遠藤周作の小説『沈黙』が映画化されました。十七世紀初頭の日本において、キリシタンは想像を絶する迫害にあいます。主人公のバテレンのロドリゴも結局踏み絵を踏むことになります。遠藤は、このロドリゴに語りかけるキリストを登場させます。「踏むがいい。おまえの足は今、痛いだろう。きょうまでわたしの顔を踏んだ人間たちと同じように痛むだろう。だがその足の痛さだけでもう十分だ。わたしはおまえたちのその痛さと苦しみを分かち合う。そのためにわたしはいるのだから。」　このようなキリストの語りかけにロドリゴはこう返しました。「主よ。あなたが沈黙しておられるのを恨んでいました。」　すると、キリストはこう答えます。「わたしは沈黙していたのではない。一緒に苦しんでいたのに。」それで、ロドリゴは最後にこう語ります。「あの人は沈黙していたのではなかった。」

あの時代のキリシタン殉教者たちに比べたら、私たちの苦難は「苦難」と呼べるほどのものではないでしょう。でも、苦難は苦難、苦しみは苦しみ、その重さは人それぞれで、比較できるものではありません。私たちはこの地上の人生において、クリスチャンとして生きる人生において、何らかの苦しみにあいます。しかし、その苦しみにおいて、私たちと共にいてくださるイエス・キリストに出会うのです。私たちの救い主は、私たちのために十字架の苦しみに進まれた方、私たちに代わって十字架を負われた方です。そのキリストが共にいてくださることを知るのです。肉の目でキリストを見てはいませんが、主が共におられる経験をするのです。キリスト者の究極の喜びは、主の臨在を知る喜びです。

6　与えられている特権の大きさ

〈Ⅰペテロ一・一〇―一二〉

「この救いについては、あなたがたに対する恵みを預言した預言者たちも、熱心に尋ね求め、細かく調べました。彼らは、自分たちのうちにおられるキリストの御霊が、キリストの苦難とそれに続く栄光を前もって証ししたときに、だれを、そしてどの時を指して言われたのかを調べたのです。彼らは、自分たちのためではなく、あなたがたのために奉仕しているのだという啓示を受けました。そして彼らが調べたことが今や、天から遣わされた聖霊により福音を語った人々を通して、あなたがたに告げ知らされたのです。御使いたちもそれをはっきり見たいと願っています。」

1　救いと旧約聖書の背景

イエス・キリストによる救いは、二千年前に初めて明らかにされたのではなく、それ以前の旧約聖書の時代、預言者たちも預言していたことでした。預言者たちが、神に導かれて語っていたのです。たとえば、イザヤ書五三章一―六節の有名な預言にはこうあります。

「私たちが聞いたことを、だれが信じたか。
主の御腕はだれに現れたか。
彼は主の前に、ひこばえのように生え出た。
砂漠の地から出た根のように。
彼には見るべき姿も輝きもなく、
私たちが慕うような見栄えもない。
彼は蔑まれ、人々からのけ者にされ、
悲しみの人で、病を知っていた。
人が顔を背けるほど蔑まれ、
私たちも彼を尊ばなかった。

まことに、彼は私たちの病を負い、
私たちの痛みを担った。
それなのに、私たちは思った。
神に罰せられ、打たれ、苦しめられたのだと。

しかし、彼は私たちの背きのために刺され、
私たちの咎のために砕かれたのだ。
彼への懲らしめが私たちに平安をもたらし、
その打ち傷のゆえに、私たちは癒やされた。
私たちはみな、羊のようにさまよい、
それぞれ自分勝手な道に向かって行った。
しかし、**主**は私たちすべての者の咎を
彼に負わせた。」

このような言葉を読むと確かに、イエス・キリストが歴史に登場する以前から、神は預言者たちを通して語っておられたことが分かります。しかしペテロはこう言います。語っている預言者自身これがだれのことなのか分からなかった。それで彼らは「熱心に尋ね求め、細かく調べ」た、と。旧約の預言者たちはぜひ知りたいと思い、懸命に調べたのです。それでも彼らは、自分たちが語っている預言が、どのように実現するのか分かりませんでした。その代わりに彼らは、自分たちが預言していることは、彼ら自身のためではなく、後の時代の人々のためのものだと教えられました。後の時代に成就、実現するのだと教えられたのです。

「熱心に尋ね求め」と訳されている言葉は、「主／神を尋ね求める」という表現でしばしば出てきます。「細かく調べ」と訳されている言葉は、特に、隠れている真理を探し求めるような時に使われる言葉です。彼らは、知りたいと切に願ったのです。私たちには、そのような熱心さがあるでしょうか。

2　救いは実現し、知らされている

続いてペテロは、「そして彼らが調べたことが今や、天から遣わされた聖霊により福音を語った人々を通して、あなたがたに告げ知らされた」と語ります。預言者たちが語った救いが、今や実現し、あなたがたに知らされたのだと言うのです。

なんと幸いなことでしょう。私たちにははっきりと知らされています。イエス・キリストの十字架によって罪が赦され、イエス・キリストの復活によって、新しいいのちが与えられることになった、と明確に教えられています。この手紙の読者は、「福音を語った人々を通して」知らされましたが、私たちは聖書のみことばを通して、はっきり知ることができます。「天から遣わされた聖霊により」、紛れもない形で知らされるのです。私たちがへりくだって聖書のテキストに向かうとき、祈りをもって聖書を読むとき、聖霊が私たちを教えてくださいます。それで私たちは、神ご自身と、神が用意された救いのご計画を信じることができ、救いをいただくことができました。

一一節に「キリストの御霊が……証しした」とあります。一二節の初めには、「彼らは……啓示を受けました」とあります。一二節の中ほどには、「聖霊により福音を語った」とあります。聖霊、御霊は私たちに真理をお教えくださる方なのです。言葉として、知識として分かってても、今ひとつピンと来ないことがあります。しかし、聖霊の導きを祈り求めていくなら、聖書の教えが心にストンと落ちる時が来ます。「あっ、そうか、こういうことか」と納得させられるのです。聖霊により、もっともっと教えていただきましょう。

さらにペテロは、「御使いたちもそれをはっきり見たいと願っています」と書いています。主イエスが復活なさって空っぽになったお墓をペテロたちがからだを屈めてのぞき込んだと、ルカやヨハネは伝えていますが（ルカ二四・一二、ヨハネ二〇・五）、「はっきり見たい」は、それと同じ言葉です。つまり、天使でさえ、よく見ようとして身を屈めてのぞき込むほどすばらしいことなのです。御使いは、神に仕える者たちですから、神のすばらしい働きを見ているはずです。しかし、その天使でさえ、キリストの苦難と栄光による救いの実現は、身を屈めてよく見たいと願うようなすばらしいことだと言うのです。

一二節から、私たちに与えられている特権がどれほど大きいものかが分かります。神から啓示を受けて語った旧約の預言者たちにも知らされていなかったこと。御使いたちでさえ見たいと願うほどのこと。それを今、私たちは紛れもない形で知らされています。この手紙の読者たちよりも、今日の私たちには、さらに大きな特権が与えられています。この手紙が書かれたころは、人々はまだ聖書を一部しか持っていませんでした。今、私たちは聖書の啓示を完全に所有しています。母国語、日本語で読むことができます。

宗教改革五百周年の年、教会で宗教改革の学びをしたとき、あの時代に生きた大半の人たちは聖書を持っていなかったとお話ししました。また、司祭たちがするラテン語聖書の朗読は、一般の信徒には分からなかったでしょう、と申し上げました。そうしたら、あとで、当時の信徒はちょうど、仏教のお坊さんが、お経を唱えるのと同じような感じだったろうと発言した方がおられました。実際、聖書は理解できなかったのです。そしてそのために、聖書の教えから大きく外れてしまいました。

今、私たちは、聖書をいつでも読むことができます。何種類もの訳で読むことができます。デジタル版をスマホに入れて持ち歩くこともできます。しかし、いつでも読むことができるということは、必ずしも読むことを意味しません。

二十世紀末、欧米のキリスト教雑誌に「Biblical Illiteracy（ビブリカル・イリテラシー）」という言葉がよく登場していました。クリスチャンたちが聖書を読まなくなり、聖書の言葉を知らなくなった、ということです。私たちはどうでしょうか。私たちはぜひとも、聖書をこつこつと読んでいきましょう。聖霊の導きを求めながら読んでいきましょう。私たちに与えられている大きな特権を無駄にしてはなりません。

7　聖化の恵み

〈Ｉペテロ一・一三―一六〉

霊的に新しく生まれること。天に蓄えられている朽ちることのない資産。神ご自身による救いの啓示。こうした恵みをいただいているのだから、それにふさわしい歩みができるように、「ですから」とペテロは語ります。一三節です。

1　キリスト者として歩む姿勢（一三節）

「ですから、あなたがたは心を引き締め、身を慎み、イエス・キリストが現れるときに与えられる恵みを、ひたすら待ち望みなさい。」　この一三節は一四節以下の序文のようなもので、クリスチャンとして生きる姿勢について、三つの大事なことを語っています。

⑴　心を引き締めること

「心を引き締め」と訳されている言葉は、「心の腰に帯を締める」という意味です（口語訳)。長い衣の裾をたくし上げて、帯を締めることで自由に動けるようにする姿を思い浮かべてください。旧約聖書の列王記第一、一八章四六節に、預言者エリヤが土砂降りの中、裾をたくし上げてアハブ王の前を走ったとあります。新約聖書のルカの福音書一七章八節で「帯を締めて給仕するしもべ」の話が出てきます。「心を引き締める」とは、余計なものを除いて、神のみこころを行うことに集中するということです。妨げになるものを除いて、積極的に良きわざに向かうため、心を引き締めるのです。

(2) 身を慎むこと

「身を慎み」と訳されている言葉は、もともとは「お酒を飲まず、醒《さ》めていること、しらふでいること」です。

四十年余り前、米国から第二の留学地、スコットランドのアバディーンに渡ったとき、コーディナーさんというご夫婦が空港に迎えに来てくださいました。彼らは熱心なクリスチャンで、ビジネスにおいても成功し、アバディーン・フォードの社長でした。ご子息が三人おられましたが、会社の仕事を手伝い始めていた次男について、ある日こんなことをおっしゃいました。「次男はビジネスが好きで、また賜物もある。ですから、心配です。ビジネスにのめり込む危険性があるから、心配しているのです。」どんなにすばらしいことでも、それにのめり込まないよう、醒めている必要、身を慎む必要があるのです。

(3) ひたすら待ち望むこと

心を引き締めることも、身を慎むことも、待ち望むためです。「ひたすら待ち望みなさい」という言葉は、「すべての希望を置く」とも訳すことができます。いったい何を待ち望むのでしょう。どこに希望を置くのでしょう。「イエス・キリストが現れるときに与えられる恵み」、再臨の時の恵みです。救いの完成を待ち望むのです。

私たちは、「すでに」と「未《いま》だ」の間《はざま》に生きています。私たちはすでに、神によって義と認められ、永遠のいのちを与えられ、神の子とされています。しかし、未だ世界は罪の中にあります。罪によって損なわれ、悪しき者＝サタンの影響下にあります。私たちは未だ罪の影響下にあり、悩みます。その意味で救いは完成していません。「すでに」と「未だ」の間《はざま》にあるのです。ですから、待ち望むのです。救いの完成を待ち望むのです。なんと幸いなことでしょう。神はもっともっと多くの祝福を与えようと用意していてください ます。ですから、「ひたすら」待ち望むのです。そこにすべての希望がかかっています。

そのように待ち望む歩みにおいて、私たちは、聖なる者とされていきます。それが、続く一四―一六節で言われていること、この箇所のメインテーマです。

2　聖化の恵み（一四―一六節）

「従順な子どもとなり、以前、無知であったときの欲望に従わず、むしろ、あなたがたを召された聖なる方に倣い、あなたがた自身、生活のすべてにおいて聖なる者となりなさい。『あなたがたは聖なる者でなければならない。わたしが聖だからである』と書いてあるからです。」

私たちクリスチャンは、聖書から「聖化」ということを教えられています。ただ救われただけでなく、聖なるものとされていくという約束も与えられているのです。レストランで正式のディナーをいただくとき、前菜＝オードブルだけ食べて、「ごちそうさま」を言い、席を立つ人はいないでしょう。肉や魚のメインディッシュが、その後に来るからです。救われただけで聖化の恵みを知らないとすれば、それはオードブルだけで食事を終えるようなものです。

ここでは聖化の恵みについて、五つのことが語られています。

(1)　聖化の消極面

一四節に「以前、無知であったときの欲望に従わず」とあります。「従わず」と訳されている言葉は、シュスケーマティゾマイという珍しい言葉で、新約聖書で二回しか出てきません。ローマ人への手紙一二章二節に「この世と調子を合わせてはいけません」とあるように、「調子を合わせる」ということです。以前は「人間だから、このくらいは当たり前だ」と思って、他の人の悪口を言っていたかもしれません。自分の我を通そうとしたかもしれません。しかしクリスチャンになった今は、あくまでも自己中心に生きようとする自分の欲望に、身をゆだねてはいけない、それを拒否しなさい、というのです。

続いて、四つのことが言われていますが、それはいずれも聖化の積極面です。

(2) 聖化の基準／目標／模範

一五節に、「あなたがたを召された聖なる方に倣い、あなたがた自身、生活のすべてにおいて聖なる者となりなさい」とあります。一六節ではレビ記から、「あなたがたは聖なる者でなければならない。わたしが聖だからである」という神の命令が引用されています。「あなたがたを召された聖なる方」は神ご自身です。ですから、ペテロは「神が聖なる方であるように、あなたがたも聖なる者とされなさい」と勧めているのです。

聖化の基準、目標は神ご自身です。人ではありません。人間の考える「聖人君子」ではないのです。人として完成していくというより、神に似たものに変えられていくということとです。そもそも、私たち人間は神のかたちとして、神の似姿に造られたのですから（創世一・二六―二七）、その本来の姿を回復していくということです。ですから、神ご自身が基準になるのは当然のことなのです。それにしても、神ご自身に似るとは、なんとすばらしい目標でしょう。

(3) 聖化の範囲

一五節には「生活のすべてにおいて聖なる者となりなさい」とあります。「生活」と訳されているアナストロフェーという語は、以前の訳では「行い」と訳されていました。しかし、この語は単なる「行い」ではなく、もう少し広い意味をもつ言葉なので、「生活のすべてにおいて」と訳すことになりました。生活のすべてにおいて、神ご自身のように愛をもって真実に生きなさい、と聖書は命じています。たとえば、詩篇一五篇一―三節にこう語られています。

「主よ　だれが　あなたの幕屋に宿るのでしょうか。
だれが　あなたの聖なる山に住むのでしょうか。
全き者として歩み　義を行い
心の中の真実を語る人。

舌をもって中傷せず
友人に悪を行わず
隣人へのそしりを口にしない人。」

「これだけは別」と、自分自身を甘やかしてしまっていることはないでしょうか。家庭で、職場で、学舎で、愛と真実を現しているでしょうか。

(4) 聖化の主体

以上のことから、私たちは、非常に高いハードルを目の前にしているように思います。しかし、注意していただきたいのです。厳密に言うと、「生活のすべてにおいて聖なる者となりなさい」とは言われていません。「聖なる者とされなさい」なのです。受動態の命令です。もし、「聖なる者となりなさい」とだけ命じられているのなら、「あなたの努力できよくなりなさい」と言われているのなら、それは不可能です。絶望するほかありません。しかし言われているのは、「聖なる者とされなさい」なのです。受身形で言われていることを見落としてはなりません。私たちは自分の力ではきよくなれません。むしろ、神ご自身が私たちをきよく変えていってくださるのです。

(5) 聖化において私たちがなすべきこと

それでは、私たちがなすべきことは何でしょうか。私たちの取るべき態度は何でしょうか。一四節の最初に、「従順な子どもとなり」とあります。直訳すれば、「従順の子として」です。この「従順」という一語で、私たちの取るべき態度が表されています。神が教えてくださることを従順に受け取り、神が示してくださることに素直に従い、喜ぶ、その結果、私たちはきよく変えられていくのです。神ご自身に似た者とされるのです。

子どもたちが小さかった時に読んであげた本に、トッドという子ぎつねとコッパーという子犬の物語がありました。

トッドとコッパーは大の仲良しでした。ある冬、コッパーは別の所で訓練を受け、猟犬になって村に帰って来ました。「その狐を追いかけろ」という漁師の言葉に、コッパーはトッドを追いかけました。疲れ切ったトッドが隠れた場所も、コッパーはかぎ出してしまいました。今や襲いかかろうとしたとき、コッパーはその狐が友だちであることを思い出します。そして、漁師が追いついて来たとき、コッパーは別の方角に漁師を連れて行ってしまうのです。

私たちは、イエス・キリストを受け入れた後も、罪を犯す危険があります。しかし、それを思いとどまらせる聖霊の働きがあります。神が私たちの良心に語りかけてくださるのです。その御声に聞き従っていくとき、私たちの聖化は実現していきます。神ご自身に似た者と変えられていきます。救いの恵みをいただいているクリスチャンの心には、そのような主の語りかけがあるはずです。その声に従順に従っていきましょう。

今週も私たちに語りかけ、私たちをご自身に似た者と変えていこうとされる主の御声に、従っていきましょう。神が私たちを変えてくださいます。

8　神を恐れる生活

〈Ⅰペテロ一・一七―二二〉

霊的に新しく生まれること。天に蓄えられている朽ちることのない資産。神の御力による守り。だから、試練にあって、なお輝くことができる。一二節までのところで、そのようなことを教えられてきました。続く一章一三節―二章一〇節では、救われた結果、キリスト者はどのような歩みをするのかが教えられています。まとめると、三つポイントがあります。第一に「きよい生活」。これについて、先々週、「聖化の恵み」と題してお話ししました。第二は、きょうの箇所で「神を恐れる生活」。そして第三が「兄弟を愛する生活」です。

それでは、一七節を読みましょう。「また、人をそれぞれのわざにしたがって公平にさばかれる方を父と呼んでいるのなら、この世に寄留している時を、恐れつつ過ごしなさい。」　クリスチャン生活は、神を恐れる生活であると言ってよいでしょう。神を恐れる生活とはどのようなものでしょうか。どうしたら、本当の意味で、また正しい意味で、神を恐れることができるのでしょうか。ここで、三つのことが明らかにされています。

1　神のさばきを心に留める（一七節）

ここでペテロは、「人をそれぞれのわざにしたがって公平にさばかれる方を父と呼んでいるのなら」と書いています。私たちは神を「父」と呼んでいます。「天の父」「天のお父さま」と親しく呼んでいます。私たちは救われたことによって「神の子」とされました。なんと、万物を創造した神と、父と子の関係に入れられました。神との親密な交わりをもつことができるようになったのです。

日本人の宗教意識の中には、「たたりを恐れる」とか、「ばちが当たるのではないか」といった恐れがあります。何か得体の知れないものを恐れるのです。神を恐れるとは、そのような恐れではありません。恐れるべき対象は天の父です。「天の父」と呼んで、親しく交わることができる方ですが、なれなれしくすることはできません。それは、この父がさばきをなさる方だからです。「人をそれぞれのわざにしたがって公平にさばかれる方」なのです。

私たちは確かに、恵みによって救われました。ふさわしくない者なのに恵みによって罪が赦され、神の子とされました。それでは、神の御前に何も問われないかといえば、そうではありません。コリント人への手紙第二、五章一〇節でパウロはこう語っています。

「私たちはみな、善であれ悪であれ、それぞれ肉体においてした行いに応じて報いを受けるために、キリストのさばきの座の前に現れなければならないのです。」どのように人生を生きたかが問われる時があるのです。それは報いをいただくためのさばきです。

ペテロもこの箇所で、神は「人をそれぞれのわざにしたがって公平にさばかれる」としていいます。神はえこひいきをなさる方ではありません。私たち人間は人の外見を見ますが、神はその人の真の姿を見られます。人の目には隠れていても、私たちのすべてをご存じで、公正なさばきをなさいます。

さらに、一七節の後半にはこうあります。「この世に寄留している時を、恐れつつ過ごしなさい。」

私は二十六年も前に、ある教会で、ペテロの手紙第一の講解説教をしたことがありますが、その時の説教ノートに、「この地上の人生は、束の間です。四十半ばを過ぎる年になって、いよいよ『時が限られている』ことを実感しています」と書いてありました。七十歳を超えた今は、時が限られている現実を、もっとリアルに感じます。私たちはだれもが、遠からず神の御前に立つことになります。ですから、時の短いことを覚えて、神を恐れて生きようではありませんか。

2　救いの代価の大きさを認識する（一八―一九節）

続いて、ペテロはこう書いています。「ご存じのように、あなたがたが先祖伝来のむなしい生き方から贖い出されたのは、銀や金のような朽ちる物にはよらず、傷もなく汚れもない子羊のようなキリストの、尊い血によったのです。」ペテロがこう書いたのは、ユダヤ人として律法を必死に守っていた父祖たちの宗教生活があったからです。私たちはユダヤ人ではありませんが、やはり「先祖伝来のむなしい生き方」がありました。日本の社会の風俗習慣、仏壇や神棚を、自分で終わらせるわけにもいかず、形式的に守ってきたという人は大勢おられます。しかし、そこには命がありません。拝んでも気休めであって、本当に人を救う力はありません。悲しいかな、「むなしい生き方」でした。

そのような生き方から、私たちは贖い出されました。「贖う」とか、「贖い出す」といった言葉は、奴隷を解放するときの言葉です。贖いの代価を払って、奴隷は自由にされるのです。普通の奴隷であれば、銀や金で自由にすることが可能です。しかし、罪の死の支配から私たちを救うことはできません。銀や金は朽ちる物です。通用するのは、この地上だけで、永遠のものではないからです。

しかし、私たちの贖いは、「傷もなく汚れもない子羊のようなキリストの、尊い血」によって実現しました。この言葉の背景には、出エジプトの時代からユダヤ人が守ってきた「過越の祭り」があります。エジプトで奴隷とされて苦しんでいたイスラエルの民が、モーセに導かれてエジプトを脱出したときのこと。彼らは、傷のない一歳の子羊の血を、自分たちの家の門柱と鴨居に塗るように命じられました。それは、エジプトの国を打たれる神ご自身が、その血を見て、その家を過ぎ越すためでした。人々はその血によって神のさばきを免れることができ、エジプトの国を無事に脱出。奴隷状態から解放されたのです(出エジプト一二章)。

ユダヤ人は毎年、過越の祭りを行い、自分たちが救われたことを記念し、感謝しました。今でも彼らは過越を祝います。しかし、私たちは祝いません。それは、出エジプトの出来事で予告されていた救いと解放がイエス・キリストによって実現したからです。ヘブル人への手紙九章一二節によれば、キリストは、「雄やぎと子牛の血によってではなく、ご自分の血によって、ただ一度だけ聖所に入り、永遠の贖いを成し遂げられました」。その結果、毎年、繰り返し、過越のいけにえを献げる必要はなくなりました。神の御子が、十字架で流された尊い血によって、永遠の贖いを成し遂げられたからです。

ユダヤ人の過越の祭りは今週金曜日です。そして、イエス・キリストが十字架の苦難を受けられたのが同じ日です。過越は、十字架を示すものだったのです。過越は、子羊の血によってユダヤ人に救いがもたらされたことの記念でした。十字架は神の御子の血によって私たちに救いがもたらされたことの記念です。過越は毎年繰り返されますが、十字架は一度限りです。なぜなら、神のひとり子が一人の人となり、私たちのために命を犠牲にされたからです。その犠牲には無限の価値があります。私たちは、神ご自身が支払われた代価の大きさに驚きます。恐れを覚えます。神を恐れるとは、そういうことなのです。

3　自分の救いが神にかかっていることを再確認する（二〇―二一節）

「キリストは、世界の基が据えられる前から知られていましたが、この終わりの時に、あなたがたのために現れてくださいました。あなたがたは、キリストを死者の中からよみがえらせて栄光を与えられた神を、キリストによって信じる者です。ですから、あなたがたの信仰と希望は神にかかっています。」

ここで教えられることは、まず、私たちの救いは、神ご自身による永遠のご計画の中で用意されていたということです。救い主が来られることは、一時的な思いつきではなく、神の用意周到なご計画でした。その恵みに今、私たちはあずかっているのです。

また、神は、救い主「キリストを死者の中からよみがえらせて栄光を与えられた」と言われています。

あるとき、ロシアの作家トルストイはこんな質問を受けました。「新しい宗教を始めるには、どうしたらよいと思いますか。」トルストイはこう答えました。「自分を十字架につけ、三日目によみがえることです。」トルストイの言おうとしたことがお分かりでしょうか。私たち人間にできないことを神はしてくださった、キリストはなさったのだ、ということです。神ご自身が実現された、十字架の犠牲と復活の奇跡によって、私たちは救われました。私たちの救いはただ神にかかっているのです。

ですから、「あなたがたの信仰と希望は神にかかっています」とペテロは結びます。私たちの力、私たちの知恵ではありません。私たちにはまったくできないことですから、私たちの信仰と希望は神にかかっています。私たちは神によって用意された救いに神によってあずからせていただいたのです。

結び

受難週の初めの主の日、私たちに与えられた救いが、どれほどすばらしいものかを覚えたいと思います。私たちは、罪深い者です。罪に汚れた者です。自分で自分を救うことができません。やがて神のさばきの座に立つ者です。しかし、そのような私たちが救われました。百パーセント恵みによって、罪赦され、神の子とされたのです。そのために、神は恐るべき犠牲を払われました。私たちが救われるための一切は、神の御手によるものです。私たちは何もできません。すべてが神によって用意されました。ですから、私たちは恐れるのです。

受難週の始まるきょう、私たちはキリストの尊い血によって救われたことを感謝しましょう。そして、いよいよ神の愛を喜びつつ、これほどまでに私たちを愛してくださった神を恐れつつ、日々を過ごしていきたいと思います。

9　互いに愛し合いなさい

〈Ⅰペテロ一・二二―二五〉

私たちは霊的に新しく誕生しました。朽ちることのない資産が天に蓄えられています。神の御力によって守られています。ですから、試練にあっても輝くことができます。一章一二節までのところで、そのように教えられてきました。続く一章一三節―二章一〇節は、救われた結果、キリスト者はどのような歩みをするかということです。「きよい生活」、「神を恐れる生活」、そしてきょうは第三のポイントで、「兄弟を愛する生活」です。

1　愛の勧め――互いに愛し合いなさい（二二節）

「あなたがたは真理に従うことによって、たましいを清め、偽りのない兄弟愛を抱くようになったのですから、きよい心で互いに熱く愛し合いなさい。」

ここでの中心的な教えは、互いに愛し合うことです。それは、私たちクリスチャンにとってとても大切なことです。主イエスご自身、弟子たちに対する最後のメッセージでこう言われました。「わたしがあなたがたを愛したように、あなたがたも互いに愛し合うこと、これがわたしの戒めです」（ヨハネ一五・一二）。ペテロはこの主の戒めを自分の言葉でリピートしています。「きよい心で互いに熱く愛し合いなさい。」

単に「愛しなさい」ではありません。三つ大切な言葉が付いています。原文の順番でいくと、第一には「きよい心で……愛し合いなさい」です。愛するといっても、私たち人間の愛は、いつも条件付きの愛であったり、不純な動機が潜んでいたりします。なかなか「きよい心」で愛することができません。しかし、それだからこそ、ペテロは「きよい心」で愛することを目指すよう勧めているのです。

第二は「互いに……愛し合いなさい」です。愛は一方的に要求するものではありません。私たちは、他人《ひと》に期待します。妻は、夫が自分の思いどおりに動いてくれないと不満です。夫も同じように、妻が自分の思うとおりにしてくれないと不満です。友人との関係においても、自分が相手にしてあげることより、してもらうことに関心があります。しかし、聖書は「互いに……愛し合いなさい」と勧めるのです。

そして、第三は「熱く愛し合いなさい」です。「熱く」と訳されている言葉は、「手を伸ばす」「身を乗り出す」、ストレッチといった意味の言葉です。自分の体をストレッチするように、身を乗り出すようにして、他の人が必要としていること、他の人の益となることをして差し上げる、ということです。

どうでしょう。私たちは今そのような愛をもって生活しているでしょうか。夫を、妻を、親を、子を、友人を、同僚をきよい心で……熱く愛しているでしょうか。互いにそのような愛を現しているでしょうか。相手に期待するばかりであったり、消極的であったり、あきらめていたりしてはいないでしょうか。「きょうのメッセージは耳の痛い話だ。後は聞きたくない」と思わないでください。この後が肝心なのです。

2　愛の源泉（二二節a、二三—二五節）

ペテロはここで、このような愛がどこから出てくるのか明らかにしています。もし単に「互いに……愛し合いなさい」と命じているだけなら、キリスト教は単なる倫理や道徳になってしまいます。実行不可能な課題を私たちに課すだけの道徳宗教になってしまいます。そうではありません。ペテロは、二つの事実を指摘しています。

(1)　兄弟愛を抱くように変えられたという事実

もう一度、二二節を読みましょう。「あなたがたは真理に従うことによって、たましいを清め、偽りのない兄弟愛を抱くようになったのですから、きよい心で互いに熱く愛し合いなさい。」

私たちは自分の罪を知らされました。罪人の私なのに、神は愛してくださって救い主イエス・キリストをお与えくださったということを知りました。救い主は、なんと十字架で私のために命を捨ててくださったのだと教えられました。その犠牲によって罪が赦されるという真理に驚きつつ、受け入れました。神が教えてくださった真理に従ったのです。その結果、私たちの罪は赦されました。私たちはたましいに平安を得、たましいをきよめていただきました。

そればかりか、「偽りのない兄弟愛を抱くようになったのです」。信仰を同じくする人たちに対する愛が「兄弟愛」です。同じ神の家族の一員として、見ず知らずの人々に対しても、肉親に対して抱くような親しさや思いやりをもつ者と変えていただきました。確かに、イエス・キリストの救いにあずかった人々の中に起こる一つの変化は、他の人に対する関心です。信仰の友に対する思いやりや配慮などが生まれてくることです。

神さまは、そのような変化を私たちに与えてくださいました。だから、「互いに……愛し合いなさい」と命じるのです。

ギリシア語文法を学んでいる方々がおられるので、少しギリシア語の話をします。ギリシア語には命令法と直説法というものがあります。命令法は命令を表現します。そして、直説法は事実をそのまま表現します。新約聖書を読むと、私たちは気づかされます。「神の命令法の前提として、必ず神の直説法がある」ことに、です。つまり、神が「何々しなさい」と命じる前に、必ず「神がそれをしてくださった／してくださる」とあるのです。ここもそうです。神は、私たちが「たましいを清め、偽りのない兄弟愛を抱くように」してくださいました。だから私たちに「互いに……愛し合いなさい」とお命じになるのです。

(2) みことばの種によって新生した事実

二三節に進みましょう。「あなたがたが新しく生まれたのは、朽ちる種からではなく、朽ちない種からであり、生きた、いつまでも残る、神のことばによるのです。」ここで話のテーマが変わったように見えますが、そうではありません。「互いに……愛し合いなさい」という勧めの続きです。二二節の言葉から、「互いに……愛し合う愛」は、神が与えてくださる「兄弟愛」であることが分かります。霊的に新しい誕生を経験した私たちは、血のつながりはなくても、神の家族を構成し、互いに兄弟姉妹です。ですから、「互いに……愛し合う愛」は「兄弟愛」なのです。そこで、さらにさかのぼって神の家族にしていただいた霊的な誕生について考えるように、と勧めるのです。

二三節でペテロは強調します。私たちが「新しく生まれたのは……朽ちない種から」だということを。その「朽ちない種」は「生きた、いつまでも残る、神のことば」です。種が地に蒔かれると、やがて芽を出し、実を結ぶ時がきます。同じように、永遠に変わることのない神の言葉は、私たちのうちに働いて、やがて私たちに新しいいのちをもたらします。それで私たちは新たないのちに誕生したのです。なんと幸いなことでしょう。私たちの神の言葉によって、新生させていただいたのです。

この神の言葉が、いかに確かなものなのかを説明しようと、ペテロは「いつまでも残る、神のことば」と、私たちはかない人間の栄光を対比させています。

「『人はみな草のよう。
その栄えはみな草の花のようだ。
草はしおれ、
花は散る。
しかし、主のことばは永遠に立つ』
とあるからです。
これが、あなたがたに福音として宣べ伝えられたことばです。」（二四—二五節）

これは、旧約のイザヤ書四〇章六—八節の引用です。イザヤ書三九章には、ユダ王国が滅亡し、人々がバビロニアに連れて行かれる「バビロン捕囚」の預言が語られています。続く四〇章以降では、その捕囚からの解放が預言されています。当時のイスラエルにとって、バビロニアは繁栄の極みにありました。その富、文化、軍事力は圧倒的なものでした。しかしイザヤは、どんなに華やかでも、人間が作り出すものはしおれていく草だ、と言うのです。散っていく花にすぎない、と言うのです。一方、神の民は、どんなに貧しく、無力で、惨めに見えても、決して消えていかない、いつまでも残る神の言葉を与えられている。この不滅の言葉に頼っているなら、必ず幸いを得る。変わることのない神の言葉に拠りどころを置いているなら、栄えることができる、と預言者は語ったのでした。

実際、イザヤが語ったときのバビロニアの栄華はどこにあるでしょうか。ペテロがこの言葉を引用したときの世界最強国家ローマ帝国の繁栄は、今どこにあるでしょうか。今は古代の遺跡として残っているだけです。西ローマ帝国が滅亡して千数百年、東ローマ帝国は十五世紀まで生き残りましたが、一四五三年にオスマントルコに滅ぼされます。そのときのローマは小さな国になっていました。

それに対してどうでしょう。聖書を神の言葉と信じ従う人々は、世界中にいます。聖書の言葉によって新生し、聖書を人生の道しるべとする人々は数えきれません。私たちもまた、この神の言葉によって新たな誕生をしたのです。なんと幸いなことでしょうか。そして、それだからこそ、私たちは互いに愛し合うことができるのです。自分自身のうちに愛がないことを嘆きつつも、神から「人を愛する力」をいただいて、互いに愛し合うという課題に向かうことができるのです。

結び

私たちにとって最も大きな課題は、身近な人を愛することです。神から離れた私たちは、徹底して自己中心です。自分の考え、自分の都合、自分の利益を優先させます。優先させていることに気がついていないことさえあります。本当の意味で相手を受け入れ、相手の利益を考えることが、なかなかできません。クリスチャンのご夫婦だから自動的にできる、ということではありません。しかし、私たちには望みがあります。「互いに愛し合いなさい」と命じる神は、私たちにその愛を与えてくださる方です。ですから、神に向かうことです。愛のない自分を正直に告白し、神からの愛を求めていくことです。あなたは神に愛を求めていますか。

しかし、求める前に、そもそも「いつまでも残る、神のことば」によって、霊的に誕生なさったでしょうか。神の言葉によって自分の罪を知らされ、神の言葉によって十字架の愛を示され、イエス・キリストを救い主として受け入れ、新たな誕生をなさったでしょうか。そこに望みがあります。神が霊的な誕生を与えてくださいますように。

10　愛における成長

〈Ⅰペテロ二・一―三〉

前回お話ししたように、私たちクリスチャンは罪赦され、神から新しいいのちをいただくことができた者ですが、それで終わりではありません。一章の後半から、二章前半にかけて（一・一三―二・一〇）、救われた結果どのような歩みをするのかが語られています。第一に「きよい生活」、第二は「神を恐れる生活」、そして第三が「兄弟を愛する生活」で、きょうは前回の続き、「愛における成長」がテーマです。

初めからいきなり問いかけることをお許しください。皆さんは、クリスチャンになってから何年になりますか。皆さんは、クリスチャンとして成長してこられましたか。どんなふうに成長してきましたか。特に他の人を愛することにおいて成長してこられたでしょうか。

みことばをもう一度読みましょう。

「ですからあなたがたは、すべての悪意、すべての偽り、偽善やねたみ、すべての悪口を捨てて、生まれたばかりの乳飲み子のように、純粋な、霊の乳を慕い求めなさい。それによって成長し、救いを得るためです。あなたがたは、主がいつくしみ深い方であることを、確かに味わいました。」

1 成長の必然性

一節の冒頭でペテロは、「ですから」と書いています。一章の終わりで述べたことを受けているのです。一章の終わりで語られていたことは、「神のことば」という「朽ちない種」によって新しく生まれたということです。みことばの種によって生まれたのだから、それは必ず育ちます。新しいいのちが育っていくのです。

前橋に参りまして、本当に多くの方々が野菜作りをしておられて、さすが群馬だなと思いました。東京の羽村におりましたころ、私も実にささやかでしたが、毎年初夏にトマトの苗木を三本、お店で買って来て、家の前のミニ花壇に植えました。水をやり、添え木をして、育ってくるのを楽しみにしました。採れたトマトの数を記録したこともあります。いのちのあるものは必ず育つということを実感させられました。多く育った年は、何百個も採れました。しかし、不作の年もありました。育ちの良い年と育ちの悪い年、いえ、一緒に植えた三本でも育ちの良いものもあり、悪いものもあったのです。もともとの苗木の質、肥料や水、陽ざしなど、いろいろな条件が整うと、よく育ちます。クリスチャンの場合もそうです。豊かに成長するための条件があります。

2　成長の条件（霊的な成長には何が必要か）（二―二節a）

⑴　捨てる・成長を妨げているものを捨てる

成長に必要な条件は、第一に捨てることです。「ですからあなたがたは、すべての悪意、すべての偽り、偽善やねたみ、すべての悪口を捨てて」とあります（一節）。成長を妨げているものを捨てることです。

私たちは、主イエス・キリストの十字架の犠牲のおかげで、罪が赦されました。聖霊は私たちを新しく生まれさせてくださいました。神の子とされました。それはすべて恵みです。しかし、それですべてが変わったわけではありません。私たちのうちには罪深い自己中心的な自分が存在しています。聖書はそれを「肉」と呼んでいます。

クリスチャンになっても、だれかに対して「悪意」を抱いていることがあるかもしれません。「偽り」があるかもしれません。本当の姿を隠して、立派であるかのように見せかける「偽善」があるかもしれません。牧師であっても、他の教会の牧師に対して「ねたみ」を抱くことがあるかもしれません。本人のいないところで、だれかの「悪口」を言っているかもしれません。

ペテロは、特にクリスチャンが犯しやすい罪をリストアップしていると思われます。「すべての悪意、すべての偽り、偽善やねたみ、すべての悪口。」すべてが複数形で、しかも「すべて」が三回繰り返されています。こうしたものが、私たちの心の中にあるのです。たくさんあるのです。それを徹底して捨てていくことが必要です。自分の中に、悪意、ごまかし、偽善、ねたみがあることに気がついたら、また悪口を言いたくなったら、正直に主に申し上げ、助けていただくこと。赦していただくことです。そうして一歩一歩、イエス・キリストに似た者に変えられていくことが必要です。

(2) 求める・霊の乳を慕い求めること

「生まれたばかりの乳飲み子のように、純粋な、霊の乳を慕い求めなさい」(二節a)。赤ちゃんは、お母さんのおっぱいにしゃぶりつきます。同じように、私たちは、霊の乳を求めていくことが成長の鍵です。クリスチャン生活を何年、何十年と続けていると、「もう分かっている」と思ってしまう危険性があります。しかし、現実は違います。どれほど長くクリスチャン生活を続けていても、「もう必要はない」ということにはなりません。何十年も教会生活を続けている人が、まったくクリスチャンらしくないことを言ったりすることがあります。クリスチャンとしてふさわしくない態度を取ることもあります。ですから、すべてのキリスト者が「生まれたばかりの乳飲み子のように、純粋な、霊の乳を慕い求めなさい」と勧められているのです。

「純粋な、霊の乳」とあります。母乳に不純なものが入っていたら大変です。妊娠中に母親がお酒を飲んでいたら、赤ちゃんも飲むことになってしまいます。しかし、聖書の言葉は、「純粋な、霊の乳」です。これほど安心できるものはありません。安心して飲むことができます。私たちを霊的にしっかり育てていくものなのです。

3　成長の結果（二節b）

二節の終わりに、「それによって成長し、救いを得るためです」とあります。これだけを読むと、「成長しないと、救われない」と理解するかもしれません。「成長して、それでようやく救われる」と考えるかもしれませんが、そうではありません。ここで言われている「救い」は、救いの恵みを豊かに体験していくことです。キリストを信じて、罪赦され、新しいいのちをいただいた者として洗礼を受ける。それは、救いの経験の第一歩です。救いの恵み、祝福をすべて体験しているわけではありません。ですから、霊の乳をいただき続け、みことばに教えられ続けて、自己中心に生きていた私たちが、他の人に仕えることができるようになります。人と関わることへの恐れやねたみから解放されて、喜びと平安を得るようになります。それがここでいう「救い」なのです。特に、一章二二節で言われていた、「きよい心で互いに熱く愛し合」うことのできる者となることが、成長の結果として大切なことです。

4　成長への励まし（三節）

きょうの箇所を読むと、二節で話が終わっているように受け取れるかもしれませんが、実は、文章は三節まで続いています。「あなたがたは、主がいつくしみ深い方であることを、確かに味わいました。」ペテロはどうして、このような言葉を付け加えたのでしょうか。

実は、この部分は「条件文」と呼ばれるもので、直訳すると、「あなたがたが、主がいつくしみ深い方であることを、確かに味わっているなら」といった文章です。「もし……味わっているなら」という条件文なのです。ただし、「味わっているかどうか分からないけれども、もし、味わっているなら」という意味の条件文ではなく、ほとんど理由に近い条件文です。「あなたがたはすでに、主がいつくしみ深い方であることを味わっているのですから」とも訳せます（新改訳第三版参照）。『新改訳２０１７』のように、「あなたがたは、主がいつくしみ深い方であることを、確かに味わいました」とも訳せるのです。

ペテロは、この手紙の読者に、「あなたがたは、主がいつくしみ深い方であることを、確かに味わいました」と書いて、それだから、もっと味わうように、もっと体験するようにと励ましています。私たちもそうでしょう。未熟で、様々な問題を抱え、自分の中に多くの弱さや、クリスチャンとしてふさわしくない罪の現実があることに気がつきます。しかし翻って、どんなクリスチャンでも、もし本当に救われているなら、何らかの形で、主の恵み、あわれみを経験しているはずです。いつくしみを味わっているはずです。皆さんも、自分のこれまでの歩みを振り返ってみてください。主が自分に示してくださったあわれみ、恵みに気がつくでしょう。ですから、もっと味わいましょう。体験しましょう。

そのためには、「クリスチャンといっても、こんなものだ」と、もうこれ以上、何も変わらないかのように決めつけないことです。「別に熱心なクリスチャンにならなくてよい。ほどほどにしておこう」と妥協したり、「変わらなくてもよいではないか」と開き直ったりしないことです。

主は、私たちの心を変えてくださる方です。私たちの人格を変え続けてくださる方です。そのために、「すべての悪意、すべての偽り、偽善やねたみ、すべての悪口を捨てて、生まれたばかりの乳飲み子のように、純粋な、霊の乳を慕い求め」ていきましょう。

11　霊の家に築き上げられる

〈Ⅰペテロ二・四―六〉

前回、前々回、信仰を共にする兄弟姉妹として、互いに支え合う、愛し合う。そのような愛において成長することが、とても大切だとお話ししました。そこに、神が私たちに与えてくださる祝福の世界が広がっているからです。その「兄弟愛」ということから、私たちは「主の民」「神の民」だという話に移っていくのが、きょうの箇所です。ここにはまだ「主の民」「神の民」という言葉自体は出てこないのですが。

さて、まずは四節と六節に目を留めたいと思います。

1　生ける要の石であるキリスト（四、六節）

「主のもとに来なさい。主は、人には捨てられたが神には選ばれた、尊い生ける石です。」

「聖書にこう書いてあるからです。

『見よ、わたしはシオンに、選ばれた石、
尊い要石を据える。
この方に信頼する者は
決して失望させられることがない。』

ちょうど四十年前、三年間、留学生活を送ったスコットランドの町はアバディーンといい、イギリスで一番北にある二十万都市でした。この町は別名Granite city「花崗岩の街」といいます。街の建物という建物がみな花崗岩でできていたからです。石を積み重ねて家を造る。地震の多い日本では考えられないことです。石造りの家というものを知らなかった私たちには、とても新鮮でした。

キリストはきょうの箇所で「要石」(六節)あるいは「要の石」(七節)と呼ばれています。これは、「隅のかしら石」「礎の石」とも呼ばれ、建物全体の要となる石です。この石の存在によって他の石が生かされ、見事な建物になっていくのです。

福音書に「悪い農夫のたとえ」と呼ばれるたとえ話が出てきます。ぶどう園の主人が収穫を得ようとしもべたちを遣わしたが、農夫たちが渡してくれない。それで最後に自分の息子を遣わしたところ、殺されてしまうというショッキングな話です。その話の結びで、主イエスはこうおっしゃいました(マタイ二一・四二)。

「あなたがたは、聖書に次のようにあるのを読んだことがないのですか。
『家を建てる者たちが捨てた石
それが要の石となった。
これは主のなさったこと。
私たちの目には不思議なことだ。』」

そのたとえ話のとおり、主イエスは人々から見捨てられ、十字架で殺されました。まさに、「家を建てる者たちが捨てた石。それが要の石となった」のです。それは、主がなさったことで、人間の目には不思議に見えることでした。この言葉を受けて、ペテロは、主は「人には捨てられたが神には選ばれた、尊い生ける石」であったと書いています。主は、人の目から見れば、見栄えのしない役立たずな石として拒否され、捨てられました。宗教指導者たちは主イエスを十字架につけました。ところが、そのようなイエス・キリストこそ実は、神の目には「選ばれた、尊い生ける石」だったのです。まさに自らを犠牲にして私たちの罪を負うという使命を果たした、尊い存在でした。「尊い要石」だったのです。
そればかりか、主は「生ける石」とも呼ばれています。生きておられ、私たちにいのちを与え、私たちを生かしてくださる方です。確かに、この方によって霊的に死んでいた私たちは、生きた者となりました。霊的に生きた者となりました。
それは、旧約聖書の時代から語られていた、神の不思議なご計画の実現でした。

「聖書にこう書いてあるからです。
『見よ、わたしはシオンに、選ばれた石、
尊い要石を据える。
この方に信頼する者は
決して失望させられることがない。』」

これは旧約聖書のイザヤ書二八章一六節で語られていたことでした。

2　私たちも生ける石として（五節）

「あなたがた自身も生ける石として霊の家に築き上げられ、神に喜ばれる霊のいけにえをイエス・キリストを通して献げる、聖なる祭司となります。」

(1)　生ける石として霊の家に築き上げられる

ここで、私たち自身も「生ける石」なのだと教えられています。一つだけでは、見栄えのしない、役に立つようには見えない石かもしれません。しかし、多くの「生ける石」が一緒になって、「霊の家に築き上げられ」るのです。私たちが築き上げるのではなく、主が私たちを用いて築き上げてくださいます。

「霊の家」は「神の宮」のことです。神の臨在が現されるところです。私たちの交わり、私たちクリスチャンの集団、教会が、神の宮、神の臨在の現れるところとなります。目に見えない神が私たちの交わりのうちにご自身を現してくださるのです。

(2) 祭司となって霊のいけにえを献げるために

「霊の家に築き上げられ」るのは目的があるからです。「神に喜ばれる霊のいけにえをイエス・キリストを通して献げる、聖なる祭司と」なること。それが目的です。

ここで、私たちは「霊の家」となるだけでなく、そこで仕える「祭司」となるとも言われています。この語（ヒエラテウマ）は祭司個人 priest ではありません。Priesthood—祭司の集団を表す集合名詞です。「祭司団」と訳すこともできます。

ユダヤ教ではアロンの家系の者だけが祭司になることができました。しかし教会においては、すべてのクリスチャンが全体として「聖なる祭司」となります。一部の特権階級ではありません。すべてのキリスト者が「祭司」として仕えるのです。五百年前の宗教改革において掲げられた真理の一つは、「万人祭司」、「全信徒祭司」でした。まさに、ここで言われている真理を回復したのでした。

祭司である私たちは、何をするのでしょう。イエス・キリストを通して、「神に喜ばれる霊のいけにえ」を献げるのです。ここで言う「神に喜ばれる霊のいけにえ」とは何でしょうか。三つの箇所を読みたいと思います。

第一の箇所はミカ書六章六―八節です。

「何をもって、私は**主**の前に進み行き、
いと高き神の前にひれ伏そうか。
全焼のささげ物、一歳の子牛をもって
御前に進み行くべきだろうか。
主は幾千の雄羊、
幾万の油を喜ばれるだろうか。
私の背きのために、私の長子を、
私のたましいの罪のために、
胎の実を献げるべきだろうか。
主はあなたに告げられた。

人よ、何が良いことなのか、
主があなたに何を求めておられるのかを。
それは、ただ公正を行い、誠実を愛し、
へりくだって、
あなたの神とともに歩むことではないか。」

祭司として私たちが献げるのは、まず、公正を行うこと、誠実を愛すること、へりくだって神とともに歩むことです。

第二に、ヘブル人への手紙一三章一五―一六節を読みましょう。

「それなら、私たちはイエスを通して、賛美のいけにえ、御名をたたえる唇の果実を、絶えず神にささげようではありませんか。善を行うことと、分かち合うことを忘れてはいけません。そのようないけにえを、神は喜ばれるのです。」

賛美や祈り、様々な善き行い、他の人を助けることです。

第三の箇所はローマ人への手紙一二章一節です。

「ですから、兄弟たち、私は神のあわれみによって、あなたがたに勧めます。あなたがたのからだを、神に喜ばれる、聖なる生きたささげ物として献げなさい。それこそ、あなたがたにふさわしい礼拝です。」

祭司として献げるのは「からだ」です。「からだ」といっても「身体」「肉体」ということではありません。あなた自身、自分自身なのです。

私たちが献げる「霊のいけにえ」は、公正を行うこと、誠実を愛すること、へりくだって神とともに歩むこと、賛美や祈り、種々の善い行い、他の人を助けること、自分自身を神に献げて生きることなのです。

結　び

私たちは「生ける石」です。一つ一つの石は大したことはなくても、多くの石が組み合わされると、見事な建物ができあがります。同じように、私たちはそれぞれ小さな存在ですが、神の民として組み合わされるとき、すばらしい「霊の家」ができあがります。それが教会です。

そこで、私たちはみな神に仕える「祭司」となります。「祭司」の服という目に見えるしるしはなくても、私たちは主に仕える「祭司」なのです。そして良きわざ、信仰と賛美と祈り、私たち自身を献げるのです。

どうしたら、そうなれるのでしょうか。それには「生ける石」キリストと一つになっていくことです。主と一つにされていかなければ、私たち自身が「生ける石」となることはできません。ですから「主のもとに来なさい」と言われているのです。「主のもとに」行こうではありませんか。朝ごとに夕ごとに、「主のもとに来なさい」という呼びかけに従い、十字架の主を見上げようではありませんか。

12　神の民として

〈Ⅰペテロ二・七―一〇〉

前回お話ししたように、主イエス・キリストは、「人には捨てられたが神には選ばれた、尊い生ける石です」。逆説的ですが、人々から見捨てられ、十字架につけられることになった、まさにそのことによって、私たち人間を救う神の計画が実現しました。その意味で、人の目にはどのように見えようとも、神の目には、「尊い生ける石」だったのです。それで、ペテロは六節で旧約聖書のイザヤ書二八章一六節を引用します。

「見よ、わたしはシオンに、選ばれた石、
尊い要石を据える。
この方に信頼する者は
決して失望させられることがない。」

1　キリストは尊い石か、つまずきの石か（七―八節）

そこで、きょうの七節は「したがって」という言葉で始まります。「したがって」何だというのでしょう。七―八節を読みましょう。

「この石は、信じているあなたがたには尊いものですが、信じていない人々にとっては、『家を建てる者たちが捨てた石、それが要の石となった』のであり、それは『つまずきの石、妨げの岩』なのです。彼らがつまずくのは、みことばに従わないからであり、また、そうなるように定められていたのです。」

私たちを支える礎の石、私たちにいのちを与える生ける石であっても、それを感謝し、拠り頼む人々がいる一方、その尊さ、大切さが分からず、反発したり、つまずいたりする人たちがいます。拠り頼んでいる人たちには、そのすばらしさ、価値が分かりますが、受け入れない人々にとっては「つまずきの石、妨げの岩」でしかありません。余計なもの、邪魔なものでしかないのです。どうして、そのようにつまずくのか、それは「みことばに従わないからであり、また、そうなるように定められていた」とペテロは語ります。「みことばに従わない」という点からすれば、本人の責任と言えます。しかし同時に、神がそのように定めておられた、神の計画でもあったのです。

今月のオリーブの会（婦人会）の例会で、宗教改革者カルヴァンについて学びました。カルヴァンについて学んだことのある人々は、カルヴァンというと、「予定論」という言葉を思い出します。「予定」「予定論」というのは、人が救われるかどうかは、神があらかじめ定めておられる、神の予定によるという考え方です。しかし、カルヴァンの教え、神学の中心は「予定論」ではありません。「予定論」を中心に据えたのは、むしろカルヴァンの後継者たちでした。

それにしても、きょうのこの箇所を見れば、確かにみことばに従わないように（神によって）定められていた、と語られています。予定論の根拠となる箇所です。ただし、この部分だけをとって、神がすべてを決めているのなら、人間の罪を神は責めることができないとか、神は冷酷だとかと言うことはできません。聖書の教えはあくまでも、いつもその全体を見渡さなければならないからです。

ともあれ、ここで言われていることの要点は、すべての人が信じるわけではない、すべての人がこの要の石の恩恵にあずかるわけではない、ということです。どうしてこのようなことを述べたのかというと、そのように信じない者たちがいるなかで、生ける石、要の石であるイエス・キリストに目が開かれたのは当たり前のことではない、特別な恵みであるということを言おうとしたのだと思います。そこで、九節につながります。

2　神の民とは何か（九節a）

九節前半を読みましょう。

「しかし、あなたがたは選ばれた種族、王である祭司、聖なる国民、神のものとされた民です。」

「選ばれた種族、王である祭司、聖なる国民、神のものとされた民」という四つの名称は、旧約聖書における神の民、イスラエルにつけられていたものです。それを見ていくと、新約における神の民であるクリスチャンが、どのような者たちなのかが分かります。

第一に「選ばれた種族」とあります。これは神の民の誕生に関わる表現です。イスラエルの民は、神によって選ばれたアブラハムの子孫たち、まさに「選ばれた種族」でした。彼らは血のつながりによって結ばれていました。とすると、私たちクリスチャンには当てはまらないように思えます。キリスト教会は、あらゆる人種、民族によって構成されているのですから。

しかしながら、私たちは霊的ないのちを共有しています。同じキリストのいのちをいただいた私たちですから、同じいのちを共有しているのです。それは地縁、血縁より、はるかに深いいのちの絆です。神によって選ばれ、キリストのいのちを共有する私たちは、まさに神の家族であり、「選ばれた種族」です。

第二に、「王である祭司」とあります。これは神の民全体が果たす働きを表す言葉です。祭司は、神と人の間に立ちます。間に立ってとりなしをするのです。私たちも、神とこの世界の間にあってとりなしをします。神から離れてしまったこの世界のために、神の憐れみと恵みを祈るのです。

しかも「王である祭司」です。「王」ですから、私たちはこの世に支配されません。従うのは神、真の王である神です。王の王であられる方、万物を創造された神に仕えることが基本です。だから、人々に仕えない、人々のために奉仕しないということではまったくありません。何よりもまず神に仕えることによって、本当の意味で、この世界の必要に応えていく奉仕者になれるのです。この世界を、責任をもって治めていくのです。

第三に、「聖なる国民」とあります。「聖」は、他の者とは区別されて、切り離されて、神に献げられ、神のものとなった、ということを意味します。たとえば、たくさんの羊の群れの中から、一匹の羊が選ばれ、神に献げられるとき、その羊は「聖なるもの」となります。この言葉、「聖なる国民」という表現は、他の人々と区別されているということを示しています。

最後は「神のものとされた民」です。これはキリスト者たちの帰属、所属を示す言葉であると言えるでしょう。私たちは特別な存在、かけがえのない宝、神の民です。ヨハネの福音書一〇章二八―二九節で、主は弟子たちについてこう語っておられます。

「わたしは彼らに永遠のいのちを与えます。彼らは永遠に、決して滅びることがなく、また、だれも彼らをわたしの手から奪い去りはしません。わたしの父がわたしに与えてくださった者は、すべてにまさって大切です。だれも彼らを、父の手から奪い去ることはできません。」

この四つの表現に共通していものは、神とのつながりです。神によって選ばれ、神に仕える、神に属する、神にとって特別な存在となった私たちだということです。なんと幸いなことでしょう。

3　神の民の使命（九節b）

続く九節後半で、そのような私たちに与えられている使命をペテロは語ります。

「それは、あなたがたを闇の中から、ご自分の驚くべき光の中に召してくださった方の栄誉を、あなたがたが告げ知らせるためです。」

私たちは共に礼拝をささげ、互いに支え合い、愛し合う、神の民として歩んで行きます。それは、私たちを「闇の中から、ご自分の驚くべき光の中に召してくださった」神のすばらしいみわざです。人と人がバラバラになり、争い、傷つけ合う罪の世界にあって、私たちが神の民として共に生きる姿は、何ものにもまさって、神の「栄誉」を証しするものとなります。そうなること、そのようにして神のすばらしさを告げ知らせる使命が、私たちに与えられているのです。

4　神の民とされることの特権（一〇節）

最後にペテロは、これが当たり前でないことを強調します。

「あなたがたは以前は神の民ではなかったのに、今は神の民であり、あわれみを受けたことがなかったのに、今はあわれみを受けています。」

ヨハネの手紙第一、三章一節でヨハネが記している言葉が思い浮かびます。

「私たちが神の子どもと呼ばれるために、御父がどんなにすばらしい愛を与えてくださったかを、考えなさい。事実、私たちは神の子どもです。」

私たちが今、ここにいるのは、決して当たり前のことではありません。最初に、七―八節を見ましたが、同じ救い主が知らされていながら、つまずく人たち、それを拒む人たちもいます。私たちが救われているのは、ただただ神の憐れみのゆえです。

結び

現代社会はとても個人を大切にします。それは良いことです。しかし、個人を大事にすることと、個人主義はまったく別ものです。私たちは、一人ひとり、それぞれが信仰に導かれてきました。しかし同時に、神の民として選ばれ、いのちを与えられ、霊の家、教会として築き上げられていきます。成長していきます。個々人バラバラではありません。「神の民」として生きるのです。支え合って生きるのです。

私たちクリスチャンは確かに一人ひとり、主イエスに結びついています。神は私たちそれぞれに語りかけてくださいます。しかし、それは私たちが互いに支え合い、仕え合う神の民となるためです。このように、自分が神の民の一員であることを自覚して生きるところに祝福があります。神の民として互いに愛をもって仕え合うときに、神の栄光は現され、神の愛が証しされます。そのことを心に留めて、教会の仲間たちとともに生きる幸いを経験していっていただきたいと思います。

13　旅人・寄留者として

〈Ⅰペテロ二・一一―一二〉

前回は「神の民として」生きるというテーマでお話ししました。もっぱら神との関係、神とのつながり、という視点からのお話でした。きょうから、新しい区分に入ります。二章一一節から三章の終わりまで、一つの大きな区分になっています。「神の民」というテーマは続くのですが、神との関係ではなく、周囲の人々との関係について教えられることになります。つまり、この社会や家庭において「神の民」としてどう生きるか、という問題です。

きょうの箇所、二章一一節と一二節は、これから語ることの土台、基礎ともなることです。ペテロは二つの事実と二つの勧めを記しています。

1　二つの事実・キリスト者とは何なのか（一一節）

「愛する者たち、私は勧めます。あなたがたは旅人、寄留者なのですから、たましいに戦いを挑む肉の欲を避けなさい。」

(1) 私たちは神に愛されている者たちである

ペテロはここで、手紙を宛てた人々に「愛する者たち」と呼びかけています。それは単にペテロ個人の思いを表現しているものではありません。彼らは、今日のトルコのかなり広い地域に散って生活していたクリスチャンたちですから、彼らを個人的に知っていて「愛する者たち」と呼びかけているわけではないのです。むしろ、「神に愛されている者たちよ」という意味です。パウロはローマ人への手紙一一章二八節で、この言葉に「神に」を補って「神に愛されている者」と、同胞のイスラエル人を表現しています。

私たちは、物事が順調に進んでいるときには、「神に愛されている」と感じますが、病気にかかったり、事故にあったり、道が開かれなかったり、つらい経験をしたりすると、たちまち「私は神に愛されていないのではないか」、「神さまから見捨てられたのではないか」などと思ってしまいます。しかし、雨雲が垂れ込めているような空でも、その上空には明るい太陽が輝いているように、神の愛は変わることはありません。しばらく前の礼拝で読んだイザヤ書四九章一五節の約束をもう一度心に留めたいと思います。

「女が自分の乳飲み子を忘れるだろうか。

自分の胎の子をあわれまないだろうか。
たとえ女たちが忘れても、
このわたしは、あなたを忘れない。」

⑵　私たちは旅人、寄留者である

この手紙の冒頭で、ペテロは手紙を宛てた相手の人々について「寄留している」人々と表現していました。一章一七節でも「この世に寄留している時を、恐れつつ過ごしなさい」という言い方をしています。そして、きょうの箇所には、「あなたがたは旅人、寄留者なのですから」とあります。「旅人、寄留者」という言葉から、ヘブル人への手紙一一章を思い起こす方もおられるでしょう。先月のご葬儀でもお語りした箇所ですが、そこには、私たちがこの地上で寄留者であり、天の故郷に向かって旅する者であると教えられています。

聖書翻訳のために多くの時間をささげる必要があり、そしてもちろん、前橋教会の牧師としてご奉仕するために、海外に行くことを長い間封印してきましたが、このたびお許しをいただいて、文字どおり十年ぶりに出かけてきました。行き先はカナダでしたが、そこで新たな出会い、思いがけない再会、様々な経験をいたしました。有意義な時、充実した時を過ごしました。しかし、どんなに充実していても、旅は旅であって、旅先は「わが家」ではありません。成田に戻り、前橋駅南口までバスで戻ったとき、「帰って来た」という実感がありました。どんなに楽しくても、旅先では旅人であり、寄留者であって、そこは私の生きる世界ではありません。

この聖書の言葉が私たちに教えようとしていることは、この世界での生、現在の生は、ほんのいっときの旅のようなもの、外国に滞在するようなものであって、そこにずっといるわけではない。だから、そこに永住するかのように生きてはならない、ということです。そして、その理由で、次の二つの勧めをします。

2　二つの勧め／命令（一一―一二節）

(1)　肉の欲を避けなさい

もう一度、一一節を読みましょう。

「愛する者たち、私は勧めます。あなたがたは旅人、寄留者なのですから、たましいに戦いを挑む肉の欲を避けなさい。」

「肉の欲」というと、食欲とか性欲とか、身体の欲求ととられやすいようですが、その基本的な意味は、神に反発／敵対し、自己中心に生きようとする私たちの欲望のことです。食欲にしても、性欲にしても、本来は神が与えてくださった良きものですが、私たちが神に背を向けて自己中心になるとき、罪深い欲望、「肉の欲」となります。ですから、名誉欲とか、お金や物への執着なども、肉の欲と言えましょう。

どうして、肉の欲を避けなければならないのでしょうか。それは、「たましいに戦いを挑む」からです。私たちの内なるもの、神によって与えられる霊的な幸い、たましいの平安や満足を奪うからです。特に、先進国で物質的な豊かさを享受している私たちは、肉の欲を刺激する多くの情報にさらされています。男性であれば、パソコンとか車とか、新しい機種が出ると、手に入れないではいられなくなる。女性であれば、流行を宣伝するファッション雑誌が、欲望を刺激するかもしれません。

私たちはどうでしょうか。自分がどんな肉の欲にひかれやすいか、意識していますか。肉の欲の追求にエネルギーを注ぐと、神との関係は痩せ細り、教会に来ていても、一応クリスチャン生活は送っていても、神との交わりによって与えられる深い満足や平安は、どこかに行ってしまいます。霊的に貧しい、内なるものが痩せ細ったクリスチャンになってしまいます。ですから、自分の心を探り、どんなことに肉の欲の追求があるか、主の前に正直に告白し、赦しをいただき、真の平安と満足を得ていくことが必要なのです。

(2) クリスチャンでない人たちの間で立派に生きなさい

第二の勧めは一二節です。

「異邦人の中にあって立派にふるまいなさい。」

ここでいう「異邦人」とは、クリスチャンでない人たちのことです。イスラム教国を除けば、おそらく日本は最もクリスチャン人口の少ない国ではないでしょうか。先日もお話ししたように、共産主義の中国でも、少なく見積もっても人口の五%以上、七千万人以上のクリスチャンがいると言われます。ということは、二十人に一人はクリスチャンだということです。お隣の韓国では四、五人に一人です。日本では百人に一人、いえ、二百人に一人かもしれません。周りにいる人たちはみなキリスト教信仰とは無縁の人たちです、とおっしゃる方が多いのではないでしょうか。

新約聖書の時代、特にこの手紙を宛てた、ギリシア文化に生きていた人々にとって、キリスト教は初め理解しがたいものでした。クリスチャンはギリシアの神々の礼拝に参加しない、ギリシアの伝統的な祭りに参加しないということで、非難されました。また、支配者であるローマ帝国の皇帝礼拝にも加わらないキリスト教徒は、社会に同化しない者たちだと悪く言われました。ですから、そのような彼らをペテロは励ましたのです。

「異邦人の中にあって立派にふるまいなさい。そうすれば、彼らがあなたがたを悪人呼ばわりしていても、あなたがたの立派な行いを目にして、神の訪れの日に神をあがめるようになります。」

私が高校三年生のときに、「牧師になろう」と決心した一つのきっかけは、「升崎外彦」という牧師の伝記を読んだことにありました。この方の波瀾万丈の生涯を、二、三分で語ることはできませんが、少しだけ紹介します。

金沢の由緒ある寺の一人娘を母とする升崎は、六歳から寺に入り修行を積みますが、どうしても平安を得ることができず、キリスト教以外の宗教を転々とします。それでも救いを見いだせませんでした。人生に悲観して何度も自殺を図り、七度目に死のうとしたときに、救世軍の路傍伝道に出会い、十字架のキリストにこそ救いがあると確信し、クリスチャンになりました。しかし、寺の跡取りがクリスチャンになったということで大問題となり、剣道の道場を開いていた父から死ぬ一歩手前までの折檻《せっかん》を受けます。

牧師になってから山陰地方や和歌山県などで伝道しますが、石を投げられたり、土手から突き落とされたり、暴漢に襲われたりします。けれども、彼は自分に危害を加える人たちをみな赦し、彼らのために祈り、キリストにある愛を示します。その結果、悪口を言い、迫害をし、危害を加えた人々の中に、キリストの愛に目覚める人々が出てきたのです。

升崎外彦牧師は、まさに、きょうのみことばに従った人でした。キリストを信じない人々、むしろ反発する「異邦人」の間にあって、立派にふるまいました。その結果、「彼らがあなたがたを悪人呼ばわりしていても、あなたがたの立派な行いを目にして、神の訪れの日に神をあがめるようになります」という約束が文字どおり実現しました。

私たちは、升崎先生ほどの生き方はできないかもしれません。実際、彼が受けたような危害を加えられることもないでしょう。しかし、誤解する人、反対する人、揶揄《やゆ》する人、悪口を言う人はいるかもしれません。今、そのようなことに直面して苦しんでいる兄弟姉妹がおられるかもしれません。つらいことでしょうが、主に拠り頼みつつ、反発する人たちに愛と真実を現していきましょう。やがて分かってもらえる日が来ることを信じて。

14 市民としての責任を果たす

〈Ⅰペテロ二・一三―一七〉

先週学んだことは「クリスチャンは、この地上で旅人、寄留者だ」ということでした。今、生きている人生がすべてではない。永遠の生がある、ということでした。それでは、ひたすら天国を夢見ながら生きればよい、現在の生のことは、どうでもよいのでしょうか。決してそうではありません。

先週学んだ一二節に「異邦人の中にあって立派にふるまいなさい」とありました。「立派にふるまう」ということは、どういうことなのでしょうか。ペテロは、一三節以下でそれを説明します。まず、一三―一七節で「クリスチャンは一人の市民として、責任を果たす生き方をするのだ」と教えています。具体的に見ていきましょう。

1 人の立てた制度に従う（一三―一五節）

一三節の前半に、「人が立てたすべての制度に、主のゆえに従いなさい」とあります。

九年半前、私たちは前橋に引っ越して来ました。市役所に行って、前橋市に住民票を移しました。免許証の住所変更もしました。年が明けて、前橋プラザ元気21に行って確定申告をしました。そんなふうに、一市民として生きるために、様々な制度に従って生活しています。私たちは社会のルールに従って生きているのです。

当たり前のことと思いますが、キリスト教の歴史の中で、この当たり前のことをあまり認めない急進的なグループも、わずかながら存在しました。宗教改革の時代において、ルターやカルヴァンの宗教改革とは別の流れを形成した一部の人たちもそうでした。そうしたグループは、神を信じない王様や領主の作ったルールには、結局のところ従わなくてよいと考えました。聖書の原理に従って理想的な社会を作ろうとしたのです。聖書が「人が立てたすべての制度に……従いなさい」と教えていると言えば、その人たちは、「どうして、神を知っているクリスチャンが、神を知らない人たちが作った制度に従わなければならないのか」と反論することでしょう。

答えは「主のゆえに」という短い言葉にあります。そもそも、制度や秩序、社会のルールといったものを、どうして人間は作るのでしょうか。それは、神が私たち人間に、秩序やルールを作る力を与えてくださっているからです。ルールを作る人たちは、必ずしも神を敬う人たちではありません。それでも、彼らは、神から与えられている能力を用いているのです。本人は分かっていませんが、神が与えてくださる知恵を用いています。神は、神を畏れることを知らない為政者に対しても、完全ではなくても秩序を作り、保つ力を与えておられるのです。それを「一般恩寵／一般恩恵」といいます。

神の恵み／恩恵には「一般恩恵」と「特別恩恵」があります。「特別恩恵」は、イエス・キリストの犠牲によって罪を赦し、永遠のいのちを与える、救いを与える恩恵で、信じる人にだけ与えられます。それに対して「一般恩恵」は、信じない人にも与えられていて、それによって法律を作ったり、社会の取り決めをしたりすることができます。神が、クリスチャンでない為政者にも、そのような恩恵を与えてくださっているので、「主のゆえに」従うのです。

一三b―一四節を見ましょう。

「それが主権者である王であっても、あるいは、悪を行う者を罰して善を行う者をほめるために、王から遣わされた総督であっても、従いなさい。」

王様が支配する国においても、王が立てた総督が統治する地域でも、彼らは悪を抑え、善を推進するために、神から立てられているので、従いなさい、とペテロは奨めています。

それでは、為政者、権力をもつ者が定めたことには、無条件に従わなければならないのでしょうか。そうではありません。「人が立てたすべての制度」は、いつも正しいとは限りません。絶対的なものではありません。ですから、ときには、「主のゆえに」逆の態度を取らなければならないこともあります。

ダニエルは、紀元前六世紀、バビロニアとペルシアの宮廷に仕えていました。あるとき、彼は試練にあいました（ダニエル六・七―一〇）。三十日間、王様以外の者に祈りをささげてはならないという命令が王から出されたのです。ダニエルはそれに従いませんでした。

使徒ペテロやヨハネは、エルサレムの宗教指導者たちから、「今後イエスの名によって語ってはならない」と命じられたとき、「神に聞き従うよりも、あなたがたに聞き従うほうが、神の御前に正しいかどうか、判断してください。私たちは、自分たちが見たことや聞いたことを話さないわけにはいきません」と答えました（使徒四・一八―二〇）。指導者たちの命令に従わなかったのです。

ですから聖書は、権力者に無闇に従うことを教えているわけではありません。その点をわきまえたうえで、基本的に社会のルールに従い、積極的に善を行うようにと勧めるのです。それは一五節にあるように、「善を行って、愚かな者たちの無知な発言を封じることは、神のみこころだからです」。

私たちクリスチャンは神に従います。だからといって、長いものには巻かれろ、とはなりません。以前、前橋市は公費を護国神社に支出していましたが、それは明らかに憲法違反でした。そこで、名誉牧師の舟喜拓生先生らが市役所に申し入れ、裁判にもなりました。

その結果一九八四年、市は公費を護国神社に支出することをやめたのです。
私たちクリスチャンは町内会で神社の寄付集めがあるなら、それには協力しません。死者を礼拝することにつながるお線香はあげません。こうしたことのために、非協力的と思われるでしょう。神を知らない人たちから非難されるかもしれません。そこで、ペテロは善を行うようにと勧めます。たとえお祭りに協力できなくても、地域の奉仕活動などに積極的に参加し、他の人々に仕えます。お線香をあげなくても、亡き父母や祖父母、先祖に対する感謝の思いを表します。

2　自由人として行動する（一六節）

「自由な者として、しかもその自由を悪の言い訳にせず、神のしもべとして従いなさい。」

これまでの勧めは「従いなさい」でした。しかし、「従う」ということを、正しく理解するために、もう一つ大切なことがあります。それは、私たちキリスト者が「自由な者」、自由人だということです。「従いなさい」という勧めと矛盾するようですが、確かに自由人、自由な存在なのです。だれの奴隷でもありません。だれかに強制されたりはしません。

けれども、その自由は「放縦」ではありません。好き勝手にしたいことをする、という自由ではありません。人を支配したり、傷つけたりする自由ではありません。ですから、書かれています。「その自由を悪の言い訳にせず、神のしもべとして従いなさい。」

クリスチャンは自由ですが、「神のしもべ」、神の奴隷です。いやむしろ、「神のしもべ」であるからこそ自由なのです。神に従うとき、神に服従するとき、神に自分を明け渡すとき、私たちは罪の力から解放され、自由になるからです。言葉としては矛盾するようですが、これは真理です。神のしもべになるとき、私たちは自分のプライド、恐れ、不安から解放され、心の自由を得ます。逆に、神に従うことをやめるとき、私たちは罪の奴隷、自我の奴隷、プライドの奴隷となります。恐れや不安に支配されるようになります。

宗教改革者ルターの名著に『キリスト者の自由』という小さな書物があります。岩波書店からも訳が出ています。その冒頭でルターは、キリスト者はだれにも支配されない自由人であると教えています。しかも、すべての人のしもべとなると語るのです。この両者が同時に成り立つのがクリスチャンです。

3　すべての人を敬う（一七節）

続いてペテロは、「すべての人を敬い、兄弟たちを愛し、神を恐れ、王を敬いなさい」

と書いています（一七節）。どんな人でも、その人自身として受け入れ、敬うようにというのです。私たちは、どうしても自分の尺度で人を評価したり、さばいたりしてしまいますが、神は私たちがすべての人を敬うよう望んでおられます。

「兄弟たちを愛しなさい」とあります。信仰を同じくする仲間を愛するのです。また、「王を敬いなさい」とあります。国や社会の指導者、リーダーとして立てられている人たちを尊ぶように勧められています。見落としてはならないことは、こうした勧めの間に、「神を恐れなさい」とあることです。創造者、審判者としての神を恐れるからこそ、人を敬うことができ、愛することができるのです。神に対する恐れがないと、私たちは高慢になり、自己中心になります。しかし、神に対する恐れが心の中にあるとき、私たちは他の人を敬い、愛することができます。「あの人も、神がご自身のかたちに造られ、愛しておられる存在なのだ」と思うので、尊重することができるからです。

結び

あなたは自由にされていますか。罪から、肉の力から、自己中心から、「ねばならない」という義務感から自由ですか。私たちにはまことの自由が与えられています。しかし、その自由は、愛し合うための自由、仕え合うための自由です。他の人の益を図る自由です。

社会の秩序や法に服する自由、正義を行う自由、弱い人々を守る自由です。自由人になるために神のしもべ、神の奴隷となろうではありませんか。神にお従いしましょう。従うとき、私たちは自由です。喜びと満足をもって生きることができるのです。そのようなクリスチャンとして社会において責任を果たしていきましょう。

15　苦しみを受けても

〈Ⅰペテロ二・一八―二三〉

新約聖書の時代、ギリシア・ローマ世界には多くの奴隷たちがいました。なんと、人口の半分以上は奴隷で、その数六千万人と言われています。多くの奴隷たちは、戦争に負けた「被征服民族」でした。貧しさのために子どもを、あるいは自分自身を奴隷として売るということもありました。奴隷というと、鎖につながれ、鞭で追い立てられながら肉体労働をする人たちと思うかもしれませんが、中には医師や教師もいました。ローマの貴族の子どもの家庭教師を教養のある奴隷が務めるとか、王室の財産管理を才能ある奴隷が行うということさえありました。しかし、奴隷は奴隷です。彼らには自由はありませんでした。主人の所有物でした。きょうの箇所は、そのような奴隷たちに対する勧めです。（実際、新約聖書には、奴隷に対する勧めがたくさんあります。Ⅰコリント七・二一―二三、エペソ六・五―八、コロサイ三・二二―二五、Ⅰテモテ六・一―二、テトス二・九―一〇で、パウロは奴隷たちに語りかけています。）

1　服従の勧め（一八節）

一八節でペテロは、「しもべたちよ、敬意を込めて主人に従いなさい。善良で優しい主人だけでなく、意地悪な主人にも従いなさい」と勧めています。クリスチャンになった奴隷が、主人に対して横柄な態度をとったり、無視したりしないようにと戒めます。福音によって自由な者とされ、教会でも平等に扱われるからといって、横柄な態度を取ってはいけないと諭しているのです。

しかし、後半の「善良で優しい主人だけでなく、意地悪な主人にも従いなさい」という言葉は驚きです。「意地悪な主人」、横暴な主人に対しても従わなければならないのですか、と問いたくなります。ペテロは、従うべき理由を二つ挙げています。

2　神に喜ばれること、神の恵み（一九―二一節a）

第一の理由は、それが神に喜ばれることだからです（一九―二〇節）。

「もしだれかが不当な苦しみを受けながら、神の御前における良心のゆえに悲しみに耐えるなら、それは神に喜ばれることです。罪を犯して打ちたたかれ、それを耐え忍んでも、何の誉れになるでしょう。しかし、善を行って苦しみを受け、それを耐え忍ぶなら、それは神の御前に喜ばれることです。」

ペテロは、「神に喜ばれること」（別訳「神の恵み」）という言葉を繰り返しています。さらに、二一節の冒頭では、「このためにこそ、あなたがたは召されました」とまで言うのです。

実は、使徒パウロもピリピ人への手紙一章二九節で同じようなことを語っています。「あなたがたがキリストのために受けた恵みは、キリストを信じることだけでなく、キリストのために苦しむことでもあるのです」と書いています。

今の時代、この日本で、このような教えは人気がないかもしれません。というのも、世の中全体がイージーゴーイングになっているからです。「イージーゴーイング」という言葉自体、あまり聞かれなくなっています。苦労すること、大変なことは避けて、楽なことばかりを追い求める生き方です。そんな時代の雰囲気、社会の雰囲気の影響を、私たちクリスチャンもいつのまにか受けてしまっているかもしれません。

それにしても、どうして神は、私たちが不当な苦しみを耐え忍ぶことを喜ばれるのでしょうか。ペテロが書いていることを、もう少し丁寧に見ていきましょう。自分に非があって、打ち叩かれ、それを耐え忍ぶのであれば、それは論外。話にならない。あるいは、不当な苦しみにあったので、自分を苦しめた相手に仕返しをする。それも違う。しかし、不当な苦しみにあいながら耐え忍ぶなら、それは神の恵み、神に喜ばれることだと言うのです。そのような態度には、この世を支配している原理、罪人がとる行動とまったく別のものがある。だから、神はそれを喜ばれる、神の恵みなのだと言うのです。それこそ、キリストのうちに見いだすものであると言うのです。それで二一節につながります。

3　不当な苦しみを受けたキリストに見出すもの（二一b―二三節）

「キリストも、あなたがたのために苦しみを受け、
その足跡に従うようにと、
あなたがたに模範を残された。
キリストは罪を犯したことがなく、
その口には欺きもなかった。」（二一b―二二節）

キリストも不当な苦しみにあわれました。不当な苦しみにあったとき、主はどのような態度をとられたでしょうか。「ののしられても、ののしり返さず、苦しめられても、脅す

ことをせず」（二三節ａ）とあります。キリストは、仕返しをなさらなかったのです。「神のさばきが、おまえたちの上に下るぞ」とか「天から軍勢が送られる」などと言って、脅したりされませんでした。それどころか、自分を十字架につけた者たちのために、「父よ、彼らをお赦しください」と祈られました。そして、「正しくさばかれる方にお任せになった」のです（二三節ｂ）。神がすべてをご存じである。さばきは神におゆだねしようという姿勢。それが主イエスのとられた態度でした。

結び――新しい人生観

このようにペテロが記してきたことは消極的過ぎるでしょうか。そうではありません。ここには、神を知らない人たちの考え方とは異なる新しい人生観、まったく新しい世界観があります。大切なポイントを拾い上げるといくつかあります。

第一に、正義というものの自覚です。ここに「不当な苦しみ」という表現がありますが、この言葉自体革命的なものです。当時の常識からすれば、奴隷がどんな苦しみにあおうとも、それは「不当な苦しみ」ではなかったからです。奴隷が苦しみにあうとしても、すべては「正当な」苦しみでした。哲学者アリストテレスが言うように、主人がすることはすべてが正義で、そこに不正や不当といった概念が入り込む余地はありませんでした。実際、新約聖書以前の文書には、「奴隷が受ける不当な苦しみ」といった表現はありませんでした。

第二に、ここには、善をもって悪に打ち勝つという積極的な倫理が語られています。恨んでも、逆らっても事態は良くなりません。仕返しをすれば、報復の連鎖が始まります。すべてをご存じで、すべての者をさばかれる神がふさわしい形で働かれることを祈りつつ、自分は善を行うことです。

先週も学んだように、私たちが不当なことを要求されたとき、一切逆らってはならないとか、抗議してはいけない、と聖書は教えていません。私たちには社会正義を追い求める必要があります。しかし、個人的に恨みを抱いたり、復讐しようとしたりしてはならない、ということです。むしろ、善をもって悪を凌駕《りょうが》するのです。

第三に、イエスの模範です。神ご自身が一人の人となって、「このように生きるのだ」と教えてくださいました。万物の創造者がへりくだり、十字架の死にまでも従われたのです。主は、ご自分を十字架の苦しみにあわせた人々をののろったり、仕返ししたりなさいませんでした。そのキリストご自身の姿が、私たちの人生を、この争いに満ちた世界を変えてきました。私たちも、そのような主の模範に従うことにより、罪に満ちた世界を変えていくのです。

16　私たちのために受けたキリストの苦しみ

〈Ⅰペテロ二・二一b―二五〉

ペテロは、奴隷たちに対する勧めをするなかで、主イエスがお受けになった苦難について言及しました。この手紙の二章の最後の数節は、その十字架の苦難が何を意味するのかを語ります。きょうと来週の二回、主の十字架の苦難について、お話ししていきたいと思います。二一節の途中から二五節までのところで語られていることは、三つのポイントにまとめることができるでしょう。第一に「不当な苦しみ」、第二に「耐え忍ばれた苦しみ」、そして第三に「私たちのための苦しみ」です。

1　不当な苦しみ（二二節）

二二節を読みましょう。

「キリストは罪を犯したことがなく、

その口には欺きもなかった。」

主イエスはゲツセマネの園で捕らえられ、大祭司の官邸に連れて行かれ、そこで宗教裁判を受けました。ユダヤ人のサンヘドリンと呼ばれる宗教議会、「最高法院」は当時、サドカイ派とパリサイ派で構成されていました。彼らはどうして主を殺そうと思ったのでしょうか。神殿で特権的な地位を得ていた祭司階級のサドカイ派は、イエスが自分たちの利権を脅かすと思ったからでした。一方、ユダヤ教の会堂で律法を教え、人々の宗教生活を指導していたパリサイ派の人々、長老たちは、イエスが自分たちの権威を失墜させることを恐れていたからです。サドカイ派にとっても、パリサイ派にとっても、イエスは危険人物だったのです。

しかし、主イエスが死刑に当たる罪を犯していると証明することは、容易ではありませんでした。偽りの証人を用意しましたが、証言は食い違い、決め手となりませんでした。最後に大祭司が「おまえは神の子キリストなのか」と質問しました。それに対して主は、「あなたが言ったとおりです。……あなたがたは今から後に、人の子が力ある方の右の座に着き、そして天の雲とともに来るのを見ることになります」とお答えになりました。大祭司や議員たちは、これを「神を冒瀆する言葉」とし、死刑の判決を下しました（マタイ二六・六三―六六）。

ペテロは、主は「罪を犯したことがなく、その口には欺きもなかった」と記しています。これは重い証言です。ペテロは三年間、生活を共にしてきたからです。三年間、文字どおり、寝食を共にしていれば、人の弱さや欠点、ひとりよがりで自己中心であることが、嫌でも見えてきます。それなのにペテロは、イエスは「罪を犯したことがなく、その口には欺きもなかった」と言えたのです。

とすれば、ユダヤ人によって犯罪人とみなされ、両手を縛られ、顔に唾をかけられ、こぶしで殴られ、平手で打たれたことは、明らかに不当なことでした。ローマ軍の兵士たちによって、背中を鞭で打たれたことも不当でした。緋色のマントを着せられ、茨で編んだ冠をかぶせられ、葦の棒を持たされ、「ユダヤ人の王様、万歳」と言って、からかわれたことも不当でした。十字架を背負わせられ、刑場まで歩かされたことも不当でした。着ている物を剥ぎ取られ、両手両足を釘で木に打ちつけられたのも不当なことでした。道行く人たちから、「おまえが神の子なら、自分を救ってみろ」と揶揄されたのも不当でした。祭司長、律法学者、長老たちから「おまえはイスラエルの王様だろう。十字架から降りて来い」と嘲笑されたのも不当でした。

主イエスが受けた苦しみは不当なものでした。

2　耐え忍ばれた苦しみ（二三節）

しかし、その苦しみを主イエス・キリストは耐え忍ばれました。不当な苦しみであったにもかかわらず、主は耐え忍ばれたのです。「ののしられても、ののしり返さず、苦しめられても、脅すことをせず正しくさばかれる方にお任せになった」と。

十字架にかけられた囚人たちは、自分を十字架につけた人たちを呪ったそうです。哀れな囚人たちは、苦しい息の中から、自分を苦しみにあわせた人々を呪いました。それは、せめてもの報復でした。主イエスは、そのようなことを一切なさいませんでした。それどころか、主がなさったことは、自分を苦しみにあわせた人々のために祈ることでした。十字架の上で、息も絶え絶えの中から、「父よ、彼らをお赦しください。彼らは、自分が何をしているのかが分かっていないのです」と祈られたのです（ルカ二三・三四）。

また自分を、十字架という恐ろしい苦しみにあわせた父なる神を恨んだり、呪ったりもされませんでした。ただ、「正しくさばかれる方にお任せに」なりました。十字架上で、「わが神、わが神、どうしてわたしをお見捨てになったのですか」と叫ばれましたが、父なる神に対する信頼を失ってはいませんでした。そうでなければ、「わが神」と呼ぶことはなかったでしょう（マタイ二七・四六）。ルカの福音書によれば（二三・四六）、十字架上の最後の言葉は、「父よ、わたしの霊をあなたの御手にゆだねます」でした。最後の最後まで、天の父にお任せになったのです。お任せになって、十字架の苦しみを耐え忍ばれました。キリストの苦しみは、第二に「耐え忍ばれた苦しみ」でした。

3　私たちのために受けた苦しみ（二一節b、二四―二五節）

きょうの箇所でペテロは、このように主イエス・キリストが苦しみを受けられたことは、私たちのためであったと教えています。キリストの苦しみは、第三に「私たちのために受けた苦しみ」でした。いろいろな意味で「私たちのため」のものでした。

(1)　私たちの模範となられた

二一節後半に、「キリストも、あなたがたのために苦しみを受け、その足跡に従うようにと、あなたがたに模範を残された」とあります。前回お話ししたように、二章の後半は、不当な苦しみにあっていた奴隷のクリスチャンたちを励ますための勧めです。

いつの時代にも、私たちは不当な苦しみにあうことがあります。皆さんの中にも、先週不当な苦しみにあったという人がおられるかもしれません。私たちはそのとき、キリストの苦難を思い、耐え忍ぶのです。ただし、それは不当な苦しみにいつも甘んじなければならない、ということではありません。正義の実現のために、抗議の声をあげるべきです。すでにお話ししているように、ここで、ペテロが勧めているのは、個人的に恨んで仕返しをしたりしないということです。

(2) 私たちの罪を負われた

二四節前半でペテロは、「キリストは自ら十字架の上で、私たちの罪をその身に負われた」と書いています。主イエスが私たちのために苦しみをお受けになったその第二は、私たちの罪をその身に負うため、ということです。罪のないキリストが私たちの罪を負ってくださいました。いいえ、罪のないキリストだからこそ、私たちの罪を負うことができたのです。

主は私たちの罪を引き受けて、罪ある者としてさばかれ、罪に対する神の聖なる怒りをお受けになりました。私たちが受けなければならない罪の報いを、私たちに代わって受けられました。

主イエスがそのように私たちの身代わりになってくださったのは、単に、私たちの罪の償いをするためではありません。もっと積極的な目的がありました。二四節後半にあるように、「それは、私たちが罪を離れ、義のために生きるため」でした。私たちが、神の義、神のみこころを行う者となるためです。神に喜ばれる生き方をするためです。主が私たちの罪を引き受けてくださったので、私たちは罪を離れ、義のために生きることが可能になったのです。

(3) 私たちは癒やされた

そればかりではありません。主イエスの苦しみ、十字架の苦しみは、私たちが癒やされるためでもありました。「その打ち傷のゆえに、あなたがたは癒やされた」とあります。この手紙の読者の多くは奴隷でした。彼らにとって大きな悩みは、鞭で打たれることでした。しかし、それもキリストの「打ち傷のゆえに」癒やされる、というのです。

(4) たましいの牧者、監督者のもとに帰った

以前は、ただ苦しんでいただけかもしれません。ただ嘆いただけ、絶望していただけかもしれません。しかし今は違います。すべてを知り、すべてを支配する主がおられる。この方の御手の中にある人生だと分かったのです。ですから、ペテロはこう結びます。

「あなたがたは羊のようにさまよっていた。
しかし今や、自分のたましいの牧者であり
監督者である方のもとに帰った。」

結び

主イエス・キリストの十字架の苦しみは、実に私たちのためでした。一口で「私たちのため」と言うことができますが、それには、なんと多くの意味が込められていることでしょう。私たちの模範となってくださいました。私たちの罪を負ってくださいました。主の十字架の苦難のおかげで、私たちを癒やされ、たましいの牧者、監督者のもとに帰ったのです。この最後の部分については、来週、もう少し詳しく見ていきたいと思います。

〈祈り〉 主よ、感謝します。あなたが私たちの罪を負って、十字架についてくださいました。十字架の苦しみを受けられました。おかげで、私たちは、あなたのもとに立ち返ることができました。あなたによって癒やしていただきました。私たちも人生において苦しみにあいます。多くの不当な苦しみにあうことさえあります。しかし、それで人生を呪ったり、人を恨んだり、責めたりせずに、神の御手の中で、御心を行う者として生きることができます。主よ、感謝します。アーメン。

17　たましいの牧者である方のもとに

〈Ⅰペテロ二・二四—二五〉

私たちのために十字架で苦しみにあわれた主イエス・キリストについて、先週に続いてお話しします。先週、主は四つの点で私たちのために苦しみにあわれたと申し上げました。一つは「私たちの模範となられた」ということでした。不当な苦しみにあいながら、決して仕返しをしたり、恨んだりなさらなかった主に倣う者となりたいと思います。二つめは、主が十字架で苦しまれたのは、私たちの罪のためであったということでした。主が私たちの身代わりとなって苦しんでくださったおかげで、私たちはすべての罪が赦されました。その恵みに応えて、生きていきましょう、と申し上げました。

さて、残る二つのポイントについて、きょうはお話ししたいと思います。それは、「私たちは癒やされた」ということ、そして「たましいの牧者、監督者のもとに帰った」ということです。

1　私たちは癒やされた（二四節）

もう一度、二四節を読みましょう。

「キリストは自ら十字架の上で、
私たちの罪をその身に負われた。
それは、私たちが罪を離れ、
義のために生きるため。
その打ち傷のゆえに、あなたがたは癒やされた。」

前からお話しししているように、この手紙の読者の何割かは奴隷でした。奴隷の身分でクリスチャンになった人たちでした。彼らの中には不当な扱いを受け、正しいことをしていながら、打ち叩かれる者たちもいました。不当に鞭で打たれた主イエス・キリストと同じように、身体にみみず腫れやあざができている人たちもいたことでしょう。そのような彼らに、ペテロはキリストの「打ち傷のゆえに、あなたがたは癒やされた」と書いたのです。実にリアルなことでした。

奴隷たちだけではありません。この手紙を宛てた教会の全体が少なからず苦しみの中にありました。一章六節には、「今しばらくの間、様々な試練の中で悲しまなければならない」とありました。三章一四節には、「(悪を行う者たちの) 脅かしを恐れたり、おびえたりしてはいけません」と書かれています。彼らはそのような厳しい状況に置かれていたのです。

ところが驚くべきことに、苦しみの中にありながら、彼らのうちには喜びがありました。一章八節でペテロはこう書いていました。「あなたがたはイエス・キリストを見たことはないけれども愛しており、今見てはいないけれども信じており、ことばに尽くせない、栄えに満ちた喜びに躍っています。」 どうして、そのような喜びがあったのでしょうか。それは一章九節にあるように、「信仰の結果であるたましいの救いを得ているから」です。

確かに苦しみはあります。しかし、まことの神を知るようになった喜びを彼らは経験していました。十字架のキリストを仰ぎ、自分たちが神にどれほど愛されているか、彼らは経験していたのです。神がどれほど大きな犠牲を払って、救いの道を用意してくださったかを知ったのです。そうしたことを通して、彼らは神による癒やしを経験していたと言えるでしょう。

二千年前の奴隷たちだけではありません。私たちもそうです。苦しみの中にあって、神が私たちのたましいに触れ、慰めと癒やしを与えてくださる、そんな経験をします。

そのように心が慰めと励ましを得、癒やされるだけではありません。いろいろな意味で私たちの病や傷が癒やされていきます。たとえば私たちの目はどうでしょうか。病んでいるのではないでしょうか。その証拠に、他の人の欠点や失敗は実によく見えるのですが、自分の歪みや過ちはあまり見えません。耳もまた病んでいます。自分に都合の悪いことについては聴力低下です。私たちの口も病んでいて、他の人を批判すると、甘く感じられます。私たちの手も病んでいるので、してはいけないと思うことに手が向かいます。さらに、私たちの心も傷ついていていて、人を赦すことができなかったり、怒りがたまっていたりして、正常に機能しないのです。愛することができないのです。

こうした私たちの心と身体にある傷や病の原因は罪です。神に背を向け、神を無視している罪です。その結果、あらゆる症状が生じています。

そのような私たちが癒やされたのです。私たちの必要としていた手術は、罪という病巣を取り除くことです。自分自身で手術はできません。しかし主イエス・キリストが、私たちの血ではなく、ご自身の血を流して、ご自分の命を犠牲にして、私たちの罪をその身に負い、見事に病巣を取り除いてくださったのです。私たちの罪は赦されました。私たち自身は、何が起こったのか分からないかもしれませんが、確かに癒やされたのです。

目が少しずつ見えるようになりました。自分の生活の中に神が働いてくださっていることが見えます。耳も少しずつ聞こえるようになってきています。私たちに語りかけてくださる神の声が聞こえます。口からも、神への感謝、他の人への思いやりの言葉が、少しずつ出てくるようになりました。全身に平安と力が感じられるようになりました。キリストがその身に受けた「その打ち傷のゆえに、あなたがたは癒やされた」のです。私たちはさらに癒やされる必要があるのではないでしょうか。

2　たましいの牧者、監督者のもとに帰った（二五節）

「あなたがたは羊のようにさまよっていた。
しかし今や、自分のたましいの牧者であり
監督者である方のもとに帰った。」

「羊のようにさまよっていた」私たちは、どんな状態だったでしょうか。四章三節を見ましょう。

「あなたがたは異邦人たちがしたいと思っていることを行い、好色、欲望、泥酔、遊興、宴会騒ぎ、律法に反する偶像礼拝などにふけりましたが、それは過ぎ去った時で十分です。」

このような欲望の奴隷、快楽の奴隷でした。

私たち人間は神のかたちに造られていますから、羊飼いである神との交わりを失った状態では、どうしようもなく不安であり、空しいのです。心が満たされていないのです。それで、お酒を浴びるほど飲んだり、一時的な快楽にふけったり、深夜までゲーム機に向かったりして、気を紛らわそうとします。しかし、いっとき空しさと不安を忘れることができたとしても、酔いから醒めれば、もっと不安になり、もっと空しくなります。私たちは本当の安心を得ることはできません。本当の満足を得ることはできません。

しかし、そのような私たちが、自分のたましいの牧者であり監督者である方のもとに帰ることができました。帰ることができるのです。神は私たちのたましいの牧者です。神がどのような牧者なのか、イエス・キリストは私たちに教えてくださいました。それを知ると、牧者のもとに帰ることができたことがどれほど幸いなことかが分かります。

①神は迷った羊を捜し出してくれる牧者です。九十九匹の羊を置いてでも、迷い出た羊を捜し出してくださる方です。私たち一人ひとりをかけがえのない存在として扱ってください ます。

②神は羊を集め、一つの群れとしてくださる牧者です。私たちは孤立した存在ではありません。牧者のもとに集められ、仲間ができます。助けられる、助ける仲間です。

③神は病んだ羊、傷ついた羊を特別に手当してくださる牧者です。良い牧者は羊を置き去りにしたりしません。
④神は私たち羊を外敵から守ってくださる牧者です。ご自分の命にかけても守ってくださる牧者です。いえ、すでにご自分のひとり子の命を犠牲にして、私たちを連れ戻してくださいました。
⑤神は良い牧草地に羊を導き、養ってくれる牧者です。私たちは、このような方のもとに帰ることができました。
ここで、ペテロは、もう一つ、「監督者」という言葉を使っています。「牧者であり監督者である方のもとに」と言葉を加えています。「牧者」という言葉を、「監督者」という言葉で置き換えているのです。「牧者」だけでも良いのに、わざわざ「監督者」を加えたのは、意味あることとです。この言葉には、守護者、守り手といった意味があり、羊飼い、牧者が、特に羊一匹一匹に、しっかりと目を留めている姿を想像させます。せっかく牧者のもとに戻って来たのに、また迷い出ることのないように見張っている姿です。

父なる神、そして、主イエス・キリストは私たちの牧者、羊飼いです。私たちのたましいを見張り、守っていてくださる監督者です。日々、私たちと共にあって、御心を示し、私たちの誤りに気づかせ、励ましや慰めを与え、力づけ、必要なものを与えてくださる「たましいの牧者であり監督者」なのです。

結び

皆さん、いかがでしょうか。あなたは、「たましいの牧者であり監督者である」神のもとに立ち返ることができたでしょうか。そして、いろいろな意味で病んでいたところ、傷ついていたところが癒やされたでしょうか。もしかすると、自分が癒やされる必要があることを自覚していないかもしれません。信じて、洗礼を受けて、教会員として長く歩み、またいろいろな奉仕もしてきた。でも、傷に触れるのが怖くて、触れられることを恐れて、自分の病や傷を隠しているかもしれません。そのために、教会に来ているときの自分と、家にいるときの自分が大きく違っていたり、平安が失われたり、心が不安定であったりするかもしれません。ぜひ、羊飼いとして私たちの傷の手当てをし、癒やしてくださる主の御手に触れていただきましょう。その第一歩は、自分の気持ちを、正直に主に申し上げることです。

「その打ち傷のゆえに、あなたがたは癒やされた。
あなたがたは羊のようにさまよっていた。
しかし今や、自分のたましいの牧者であり

監督者である方のもとに帰った。」

この言葉が私たちのうちで、真に実現するように期待しましょう。

18　妻たちよ、夫たちよ

〈Ⅰペテロ三・一―七〉

様々な困難がありながら、神の民として生きるクリスチャンの歩みについて、ペテロは語ってきましたが、次に取り上げるテーマは、「夫婦の関係」です。考えてみれば、人間関係の中で最も不思議な関係は、夫婦の関係ではないかと思います。まったく「赤の他人」であった者たちが、自らの決断において、自らの責任において、一生涯、すべてのものを共有し、分かち合うのですから。まかり間違えば、これほど危うい関係はないでしょう。しかしまた、これほど麗しい人間関係もないでしょう。私たちクリスチャンも、この夫婦の関係の中で、神の民、神のしもべとして生きる自分の姿がどのようなものか、映し出されることになります。

1　妻たちよ（一―六節）

この箇所で、問題のすべてが取り上げられているわけではありません。むしろ、当時の教会に集う既婚女性たちが、特に必要としていた事柄が語られています。

(1) 自分の夫に従いなさい(一―二節)

「同じように、妻たちよ、自分の夫に従いなさい。たとえ、みことばに従わない夫であっても、妻の無言のふるまいによって神のものとされるためです。夫は、あなたがたの、神を恐れる純粋な生き方を目にするのです。」

第一にペテロが勧めていることは、「自分の夫に従いなさい」ということです。それによって、「たとえ、みことばに従わない夫であっても……神のものとされる」ことを期待するようにというのです。

夫に従う姿を、ペテロは「無言のふるまい」と表現しています。親密な夫婦の関係においては、言葉で間違いを指摘したり、率直に何か求めたりすることもあるかもしれませんが、基本的に「無言のふるまい」が大切だというのです。単に口を開かなければよい、ということではありません。妻の「無言のふるまい」のうちに、「神を恐れる純粋な生き方」を夫が見ること、人間の力を超えた何かを見ることが大切なのです。

(2) 隠れた人柄を飾りにしなさい(三―四節)

「あなたがたの飾りは、髪を編んだり金の飾りを付けたり、服を着飾ったりする外面的なものであってはいけません。むしろ、柔和で穏やかな霊という朽ちることのないものを持つ、心の中の隠れた人を飾りとしなさい。それこそ、神の御前で価値あるものです。」

女性の皆さんは、自分を美しく装うことを心がけるでしょう。しかし、「髪を編んだり金の飾りを付けたり、服を着飾ったりする外面的なもの」に心が奪われているなら、本質的なものを見失っていることになります。「そうですか。金の飾りはダメなのですね。銀の飾りは良いですか？」「お化粧品や飾りはいくらくらいまでなら許されますか？」と問うなら、それは見当違いです。そのような問いを問うことを「決疑論」といいます。「どこまで許されるか」といった発想をして、その枠内でいれば安全。そして、その線を越えている人を批判するようになります。それは「律法主義」の特徴です。そのようなことを求めているのではありません。

大切なポイントは後半にあります。「むしろ、柔和で穏やかな霊という朽ちることのないものを持つ、心の中の隠れた人を飾りとしなさい。それこそ、神の御前で価値あるものです。」　三節の消極的、否定的な教えではなく、四節の積極的な命令を心に留め、追い求めることです。「神の御前で価値あるもの」、それは「むしろ、柔和で穏やかな霊という朽ちることのないものを持つ、心の中の隠れた人」なのです。そこから、美しさ、気品、優しさといったものが生まれてくるのではないでしょうか。

(3) 昔の女性たちの模範（五―六節）

「かつて、神に望みを置いた敬虔な女の人たちも、そのように自分を飾って、夫に従ったのです。たとえば、サラはアブラハムを主と呼んで従いました。どんなことをも恐れないで善を行うなら、あなたがたはサラの子です。」

ペテロは、聖書に登場する「神に望みを置いた敬虔な女の人たち」を模範とするように、と勧めます。神に望みを置いて、敬虔に生きる女性たちには、内なる気品というものがあります。今から四千年前の人、サラは七十代になっていたのに、夫のアブラハムは「エジプトの王様が自分を殺して、妻を奪うのではないか」と心配しました。それは、彼女の内に他の人にはない何かがあったからでしょう。ペテロは、神を恐れるゆえに、どんなことをも恐れずに善を行ったサラを模範として、「サラの子」となるようにと励まします。

2　夫たちよ（七節）

今度は夫たちに対する教え。七節です。女性の皆さん、「夫に対する勧めのほうが短い、不公平だ！」「聖書の教えは、男女同権の現代には当てはまらない」と思われるでしょうか。確かに現代の感覚からすると、そう見えるかもしれません。しかし、きょうのような箇所は、今から二千年前の中近東の文化を考慮して読む必要があります。

つい先日、中東のサウジアラビアで、これまで女性には禁止されていた車の運転が許されることになった、という新聞報道がありました。なぜ禁止されていたかといえば、女性の能力が劣っていると考えられたからです。そのような文化的な背景をバックに、きょうのような箇所は理解しなければなりません。そのような背景を考慮すると、この七節の短い教えは実に画期的なものです。革命的ですらあるのです。

「同じように、夫たちよ、妻が自分より弱い器であることを理解して妻とともに暮らしなさい。また、いのちの恵みをともに受け継ぐ者として尊敬しなさい。そうすれば、あなたがたの祈りは妨げられません。」

(1) 命令・妻を尊敬しなさい

夫たちに勧められていることは、「尊敬しなさい」ということです。直訳すると、「尊敬を示しなさい」ということです。この命令を前にするとき、妻に対して「君は僕の言うとおりにするんだ。聖書にそう書いてあるではないか」と言ってきた男性は、態度を改めなければなりません。妻を尊敬していたら、そのような一方的な押しつけはできないからです。既婚男性の皆さん、妻を尊敬しておられますか。

⑵　妻をどのように尊敬するのか

ペテロは、ただ「尊敬しなさい」と命じるだけではありません。それに付随して二つのことを指摘しています。一つは、「妻が自分より弱い器であることを理解して妻とともに暮ら」すということです。「弱い器」というのは、知的能力が低いとか、人格的に劣っているといったことではありません。夫が病弱で妻がパワフルというご夫婦もいますが、一般的にいって、男性のほうが力があるということです。家父長制の中近東の社会、まして古代です。夫が力で妻を威圧するということもあったでしょう。（今でもあります！）それではいけない。妻のデリケートさ、繊細さを理解しなさい、とペテロは勧めるのです。二千年前の中東の世界とは思えない、配慮ある言葉です。

もう一つのことは、妻を「いのちの恵みをともに受け継ぐ者として尊敬しなさい」ということです。神が与えてくださる祝福、「いのちの恵み」は「ともに受け継ぐ」べきものです。片方だけということはあり得ません。一方だけが幸せということはありません。夫に関していえば、妻のことを気遣い、妻の思いを尊重するとき、夫自身も喜ぶことができる、ということです。

(3) 妻を尊敬する結果

七節の最後に「そうすれば、あなたがたの祈りは妨げられません」とあります。逆に言うと、妻を尊敬しなければ、祈りは妨げられるということです。共に祈ることができない。また神の前に平安をもって出ることもできない。しかし、妻を大事にすれば、平安をもって祈れるし、一緒に祈ることもできるのです。

結び

私たちにとって、最も身近な人間関係は家族の関係、とりわけ夫婦の関係です。しかし、その身近な夫婦の関係が必ずしもうまくいかないのです。いえ、最も難しいのです。遠慮しなくなります。心遣いをしなくなります。露骨に自己中心な自分が出てきます。ですから、特に結婚しているクリスチャンにとっては、自分の霊的な状態が夫婦関係に最もあからさまに現れてきます。

きょうの箇所から心に留めましょう。女性の皆さん、「柔和で穏やかな霊」があなたの内にあるでしょうか。あなたは何をもって自分を飾りますか。お化粧をしたり、アクセサリーを身につけたりしてはいけない、と言っているのではありません。むしろ、神を恐れて生きる生活の積み重ねをしていくとき、何も語らなくても内なる美しさが生まれてきます。夫が神のものとされる、それほど大きな人格的な力、内面的な力をもつことができるのです。

一方、私自身も含めて男性の皆さん、妻を尊敬しているでしょうか。妻は食事を作り、洗濯と掃除をしてくれるヘルパーさんではありません。神の恵みを共に受け継ぐパートナーとして、人生の喜びも悲しみも共にしていきたいと思います。

そして、このような生き方は、男性であれ女性であれ、既婚者であれ独身者であれ、すべての人に共通するものです。内なる人において成長し、身近な人を尊敬する、そのようなキリスト者になりたいと思います。

19　祝福を受け継ぐために

〈Ｉペテロ三・八―一二〉

この手紙が扱っている中心的な問題は、この世において旅人・寄留者として生きるキリスト者が、理由なくして受ける苦しみ、ということでした。一章、二章に、こんな言葉がありました。「今しばらくの間、様々な試練の中で悲しまなければならない」（一・六）。「悪人呼ばわり」（二・一二）。「意地悪な主人」（二・一八）。「不当な苦しみ」（二・一九）。「善を行って苦しみを受け」（二・二〇）といった言葉がすでにありました。しかし、この問題が本格的に取り上げられるのは、きょうの三章八節以下なのです。

「最後に言います」という書き出しで、ペテロはまず、この世で困難にあいながら生きるキリスト者の基本的な姿勢を語り（八―九節）、それから、その裏づけとなる詩篇の約束を語ります（一〇―一二節）。

1　基本的な姿勢（八―九節）

(1)　クリスチャンの間で（八節）

「最後に言います。みな、一つ思いになり、同情し合い、兄弟愛を示し、心の優しい人となり、謙虚でありなさい。」

不当な苦しみ、理由なく受ける苦しみにあいながら、どのような姿勢で生きるのか、クリスチャンの歩みが五つの形容詞で表現されています。

最初に「一つ思いになり」とあります。ヨハネの福音書一七章に、主イエスが弟子たちのために祈られた最後の祈りが出てきますが、その内容は「弟子たちが一つになること」です。それだけ私たちは「一つ思い」になることが難しいのです。しかしそれだからこそ神の助けがあるように、主は祈られたのです。

第二の言葉は「同情し合い」です。苦しんでいる人の気持ちを思いやる心です。第三の言葉は「兄弟愛を示し」です。ヨハネの手紙第一、三章一四節に「私たちは、自分が死からいのちに移ったことを知っています。兄弟を愛しているからです」とあります。主にある仲間を愛する兄弟愛は、私たちが救われている証拠なのです。第四に「心の優しい人となり」とあります。新改訳第三版までの訳は「あわれみ深く」でした。この三つの言葉は同じことを指していると言ってもよいでしょう。愛、憐れみ、同情心です。

そして、最後、第五番目の形容詞は「謙虚である」ということです。勧めの全体をもう一度読みましょう。「みな、一つ思いになり、同情し合い、兄弟愛を示し、心の優しい人となり、謙虚でありなさい。」「みな」という言葉も見落としてはなりません。「あなたがたのうちの熱心な信者は」とか、「あなたがたのうちのリーダーは」とか言っていません。「(あなたがたは)みな」です。「一つ思いになり、同情し合い、兄弟愛を示し、心の優しい人となり、謙虚で」あることは、生来の私たちにはできません。ただ、聖霊が私たちの心を変えてくださるとき、謙遜になり、他の人に対する思いやりや、一緒に奉仕する兄姉の間に一致が生まれます。困難ですが、大切なことです。

⑵ 自分に悪を行う者に対して(九節)

続く九節前半はこうです。

「悪に対して悪を返さず、侮辱に対して侮辱を返さず、逆に祝福しなさい。」

これはもっと困難でしょう。自分に悪を行う人に対して、仕返しをしてはいけない、ということです。私たちの生まれながらの性質、肉の性質は、仕返しをしようとします。苦々しい気持ちで、「ようし、いつか仕返しを」とチャンスをうかがいます。しかし、聖書はそうしてはいけないと命じます。「逆に祝福しなさい」と言うのです。主イエスも山上の説教の中で、「自分の敵を愛し、自分を迫害する者のために祈りなさい」と命じておられます（マタイ五・四四）。パウロもローマ人への手紙一二章一七、二一節でこう書いています。「だれに対しても悪に悪を返さず、すべての人が良いと思うことを行うように心がけなさい。」「悪に負けてはいけません。むしろ、善をもって悪に打ち勝ちなさい。」なぜでしょうか。どうしてこのように高いハードルを設けるのでしょうか。

それは、私たち自身が、神の「祝福を受け継ぐために召された」からです（九節b）。もし悪や侮辱に対して仕返しをしたら、どうでしょう。相手はそれに対して、さらに悪や侮辱を加えようとするでしょう。いわゆる「報復の連鎖」です。相手に仕返しをして、いっとき溜飲が下がったとしても、すっきりしたと感じても、問題はもっと大きくなり、もっと苦しむことになるでしょう。仕返しまではしなくても、相手を恨み続けることも問題の解決にはなりません。自分の心がすさんで、平安な思いで生活できなくなるでしょう。恨む思いは自分自身を不幸にします。

しかし、「悪に対して悪を返さず、侮辱に対して侮辱を返さず、逆に祝福」するなら、人を赦すことを通して、私たちは神の祝福にあずかることになります。十字架の上で主イエスは、「父よ、彼らをお赦しください。彼らは、自分が何をしているのかが分かっていないのです」と祈られました（ルカ二三・三四）。同じように祈り、祝福を与えるなら、私たち自身が神から祝福されることになります。

2　詩篇の約束（一〇―一二節）

ペテロはこの勧めを裏づけるために、続く一〇―一二節で旧約聖書の詩篇三四篇一二―一六節を引用します。

「いのちを愛し、
幸せな日々を見ようと願う者は、
舌に悪口を言わせず、
唇に欺きを語らせるな。
悪を離れて善を行い、
平和を求め、それを追え。
主の目は正しい人たちの上にあり、
主の耳は彼らの叫びに傾けられる。

しかし主の顔は、
悪をなす者どもに敵対する。」

ここでは三つのことが勧められています。その第一は、「舌に悪口を言わせず、唇に欺きを語らせない」ということです。他の人の悪い点を見つけて悪く言うことは簡単ですから、舌を押さえなければなりません。また、自分に悪を行う人の悪を、ことさら誇張しようとする「欺き」、あるいは、相手が不当であることを明らかにしようと、自分の側の過ちを取り繕ったりする偽りも避けなければなりません。

第二の勧めは「悪を離れて善を行うこと」です。この詩篇を詠《うた》ったダビデは、あるとき自分の命を奪おうとしていたサウル王を、殺そうと思えば殺せる場面に遭遇しました。そのとき、まさしく悪を離れたのです。自分の身を守る千載一遇の機会でしたが、「神が油注がれた王様に手をかけることはいけない」と踏みとどまったのでした。そればかりかダビデは、サウル王をしっかり警護していなかった将軍アブネルの不注意を咎めました。サウルにとって益となること、善をダビデは行ったのでした（Ⅰサムエル二六章）。

第三の勧めは「平和を求め、それを追え」です。「平和を求めなさい」だけではありません。「平和を追え、追い求めよ」と命じます。あくまでも、平和な関係を作るよう、平和を保つようにと言うのです。幾多の戦争を行い、たくさんの人々の死に遭遇し、涙を流してきたダビデ王なればこそ、平和が続いてほしいという願いを言葉にせずにはいられなかったのでしょう。ともあれ平和は、個人と個人の間であれ、国と国との間であれ、努力して追い求めなければ、保つこと、作り出すことはできません。それは、教会内の人間関係においてもそうです。

しかし、今、問題になっているのは、自分に悪を行おうとする者、行っている者に対してどのような態度をとるかです。とすると、「悪を、このように赦してしまってよいものか」という疑問が生じます。それに対する答えが一二節です。

「主の目は正しい人たちの上にあり、
主の耳は彼らの叫びに傾けられる。
しかし主の顔は、
悪をなす者どもに敵対する。」

主は、私たちが善を行うのを見ておられます。不当な苦しみにあいながら祈る祈りに耳を傾けておられます。それだけでなく、主の御顔は悪を行う者たちにも向けられているのです。その人が本当に懲らしめを受けるべきであれば、主ご自身が懲らしめます。パウロがローマ人への手紙一二章一九節で、「愛する者たち、自分で復讐してはいけません。神の怒りにゆだねなさい」と語っているとおりです。

結び

悪魔は私たちを悪の連鎖、仕返しの連鎖の中で巻き込もうとします。それに巻き込まれることは、事態を悪化させます。悪や仕返しの渦に巻き込まれることなく、愛、憐れみ、謙遜、平和を求めていきましょう。教会の中でも、家庭においても、社会においても、善を行い続けましょう。私たちにはできませんが、主が私たちの心を支配してくださり、聖霊が私たちに、憐れみの心、愛の心を与えてくださるよう、祈り求めていきましょう。

今、あなたは、踏みとどまるべきことがありませんか。無視したり、避けたりするのではなく、交わりを求めていくべき人はいませんか。過ちを赦し、受け入れていくべき人はいませんか。私たちの心を切り替えていくなら、神はあなたを祝福してくださるでしょう。恨む気持ち、仕返ししようとする思いを抱き続けるなら、平安を失い、神が与えようとしてくださっている祝福を受けることができなくなります。

20　義のために苦しむことがあっても

〈Ⅰペテロ三・一三―一七〉

ペテロの手紙第一を通して、正しいことをしていながら苦しみにあうという問題、神に従っていながら困難にぶつかるという問題について教えられてきました。それがこの手紙の中心テーマと言ってよいでしょう。きょうの箇所でも同じテーマが、新しい視点で語られています。

1　基本的な態度（一三―一四節a）

「もしあなたがたが良いことに対して熱心であるなら、だれがあなたがたに害を加えるでしょう。たとえ義のために苦しむことがあっても、あなたがたは幸いです。」

クリスチャンの中には、「どうせ迫害されるのだから」「クリスチャンでない人の多い社会で、摩擦なしでやっていけるはずがない」と構えたり、闘争的になったりする人もいます。ごく一部ですが、中には、「クリスチャン以外はみな悪魔の手先だ」といった極端な教えを説くカルトもあります。しかし、私たちの基本的な態度は、あくまでも他の人に善を行うことです。

ここでペテロは、相手がクリスチャンであろうとなかろうと、好意を寄せてくれる人であろうとなかろうと、「良いことに対して熱心である」ようにと勧めています。良いことを熱心に行っているなら、「だれがあなたがたに害を加えるでしょう」と言っています。確かに、善を行う私たちに好意を寄せてくれる人は少なからずいるでしょう。

しかし、単なる楽観主義もまた避けなければなりません。「あくまでも善意で人に接していけば、絶対大丈夫、すべてうまくいく」ということではないからです。確かに「義のために苦しむことが」あります。パウロもテモテへの手紙第二、三章一二節で「キリスト・イエスにあって敬虔に生きようと願う者はみな、迫害を受けます」と書いています。他の人と違うことをしていると、それだけでいじめられることがあります。メールやインターネットで世界中の人とつながることが可能になりましたが、SNSの世界でも、クリスチャンとしての行き方を貫こうとすると攻撃され、炎上することもあります。

ところがペテロは、「たとえ義のために苦しむことがあっても、あなたがたは幸いです」と言うのです。どうしてでしょうか。マタイの福音書五章一〇節に、「義のために迫害されている者は幸いです。天の御国はその人たちのものだからです」とあります。神に従っていながら、そのことのために、迫害されるなら、それは幸いなことだ。迫害されること自体、天の御国、神の国の市民であることの証拠なのだ。主イエスはそう言われるのです。

2　苦しみの中で、どのような態度をとるか（一四b—一六節）

(1) 恐れるな（一四節b）

取るべき態度、第一の心がけは恐れないということです。ペテロは、「人々の脅かしを恐れたり、おびえたりしてはいけません」と助言します。同じようなことを、主イエスはマタイの福音書一〇章二八—三一節で語っておられます。

「からだを殺しても、たましいを殺せない者たちを恐れてはいけません。むしろ、たましいもからだもゲヘナで滅ぼすことができる方を恐れなさい。二羽の雀は一アサリオンで売られているではありませんか。そんな雀の一羽でさえ、あなたがたの父の許しなしに地に落ちることはありません。あなたがたの髪の毛さえも、すべて数えられています。ですから恐れてはいけません。あなたがたは多くの雀よりも価値があるのです。」

たとえ私たちの生命を脅かす者たちであっても、恐れることはない、と主は言われます。それは、生と死を含むすべてを支配しているのは神であって、人ではないからです。しかも、神は私たち一人ひとりを大切に思い、御手の中に置いておられます。ですから、本当に恐れなければならないのは、天の父であって、迫害する者たちではないのです。

(2) キリストを主とあがめなさい（一五節a）

ペテロの手紙に戻り、第二の助言は一五節前半です。

「むしろ、心の中でキリストを主とし、聖なる方としなさい。」

迫害する者たちも含めて、すべてのものを支配している方、キリストを主と認め、聖なる方としてあがめるようにと勧めるのです。ピリピで不当にも拘束され、鞭で打たれ、牢獄に入れられたパウロとシラスはどうしたでしょうか。彼らは、牢獄で主を賛美する歌を歌っていました。その結果、牢獄の看守一家が主を信じる者となったのです（使徒一六・一九―三四）。

(3) 弁明の用意をしなさい（一五節b）

続いて一五節後半から一六節に第三の助言があります。

「あなたがたのうちにある希望について説明を求める人には、だれにでも、いつでも弁明できる用意をしていなさい。ただし、柔和な心で、恐れつつ、健全な良心をもって弁明しなさい。そうすれば、キリストにあるあなたがたの善良な生き方をののしっている人たちが、あなたがたを悪く言ったことを恥じるでしょう。」

「あなたは、どうしてクリスチャンになったのですか?」「クリスチャンは何を信じているのですか?」「キリスト教で、救いとは何ですか?」このように質問されたら、あなたはどう答えますか。「教会に来てください」「教会の牧師に聞いてください」。それも結構ですが、「弁明できる用意をしていなさい」とペテロは命じています。あなたは用意ができていますか。

ただし、単に「弁明しなさい」ではなく、「柔和な心で、恐れつつ、健全な良心をもって弁明しなさい」と勧めています。生意気な態度や優越感をもって押しつけたりしてはなりません。自分自身すべてが分かっているわけではありません。また、人を救いに導くのは自分の雄弁や説得力ではなく、主ご自身ですから、主を「恐れつつ」語るのです。誇張したりしてはなりません。自分の弱さや失敗も含めて正直に語ればよいのです。そのような真摯で、正直で、謙遜な証しによって、悪口を言っていた人たちが、自分の態度を恥ずかしく思うようになるのです。

3　二つの苦しみ（一七節）

「神のみこころであるなら、悪を行って苦しみを受けるより、善を行って苦しみを受けるほうがよいのです。」

苦しみにも二つの種類の苦しみがあります。一つは、自分が悪を行ったために味わう苦しみです。自業自得の苦しみと言えましょう。もう一つは、「善を行って苦しみを受ける」ものです。このほうが良い、とペテロは結びます。その理由を直ちに明らかにしていませんが、この手紙の続く内容全体が、その理由と考えてよいでしょう。しかし、それではあまりにも曖昧なので、そのエッセンスとも言うべき五章六―七節を読んで、きょうの説教を終えたいと思います。

「ですから、あなたがたは神の力強い御手の下にへりくだりなさい。神は、ちょうど良い時に、あなたがたを高く上げてくださいます。あなたがたの思い煩いを、いっさい神にゆだねなさい。神があなたがたのことを心配してくださるからです。」

この世界は、神の御心から外れた結果、傷つき病み、混乱しています。クリスチャンである私たち自身も利己的であったり、歪んでいたりすることがあります。教会における交わりさえ、罪の影響から完全に自由ではありません。

ですから、私たちは苦しみます。特に、信仰をもたない人たちから嘲笑されたり、悪く言われたりします。それを喜んで負っていこうではありませんか。自分に非があるなら、当然改めなければなりません。心の中で主を崇め、折があればキリストの救いを証しさせていただきましょう。苦しみの中にありながら、喜びと平安をもって生きている姿、そこに神の栄光が現されます。神の栄光に光り輝くことができるのです。

21　キリストの苦難による救い

〈Ⅰペテロ三・一七―一八〉

ペテロの手紙第一を貫いているテーマは、「キリスト者の苦しみ」です。『新改訳2017』で七ページ半にわたるこの手紙には、「苦しみ」「苦難」といった言葉が十八回も出てきます。ほぼ同じ長さのヨハネの手紙第一には、そのような言葉はまったくありません。七ページ弱のヤコブの手紙には二回、三倍近い長さのヘブル人への手紙には十一回ですから、いかに多いかが分かるでしょう。苦しみにあっているクリスチャンたちを励ますために書かれたのが、この手紙なのです。

これまでにすでに、一七節まで説き明かしてきましたので、きょうは一八節からですが、一八節の言葉を正しく理解するためには、一七節から見ていかなければなりません。

1　罪のために苦しみを受けられたキリスト（一八節a）

一七節で、「神のみこころであるなら、悪を行って苦しみを受けるより、善を行って苦しみを受けるほうがよいのです」と、ペテロは記しました。この言葉を受けて、「善を行って苦しみを受け」た例として、イエス・キリストの苦しみに言及することになります。それが一八節です。

「キリストも一度、罪のために苦しみを受けられました。正しい方が正しくない者たちの身代わりになられたのです。それは、肉においては死に渡され、霊においては生かされて、あなたがたを神に導くためでした。」

キリストは、手を縛られ、衣を剥ぎ取られ、鞭で打たれ、唾をかけられ、ののしられ、手足を釘で打ち抜かれ、十字架刑で命を奪われたのでした。「罪のために苦しみを受けられ」たのです。

「罪のために」とは、どういう意味でしょうか。イエス・キリスト自身の罪でしょうか。もちろん違います。「正しい方が正しくない者たちの身代わりになられた」のです。「正しい方」であるキリストが、「正しくない者たち」のため、私たちのため、私たちの罪のために苦難にあわれたのです。ですから、それは「身代わり」でした。罪のないキリストが、私たち罪人の「身代わりになられた」ということです。キリストの苦難は「身代わり」の苦難でした。私たちの代わりに、罪の代価を払われたのです。私たちが自分の罪のために受けなければならない罰を、キリストは代わりに受けてくださったのです。本来、私たち自身が味わなければならない苦しみを、キリストは私たちの代わりに受けてくださったのです。

ここに、一つ見落としてはならない言葉があります。それは「一度」という言葉です。これは、少し強調して「ただ一度」と訳してもよい言葉です。キリストが私たちの身代わりとなって死なれたのは、「一度」です。「ただ一度」です。身代わりの死を繰り返す必要はありません。新約聖書はそのことを一貫して証ししています。ローマ人への手紙六章一〇節でパウロはこう語ります。「なぜなら、キリストが死なれたのは、ただ一度罪に対して死なれたのであり、キリストが生きておられるのは、神に対して生きておられるのだからです。」ヘブル人への手紙七章二七節では、こう語られています。「イエスは、ほかの大祭司たちのように、まず自分の罪のために、次に民の罪のために、毎日いけにえを献げる必要はありません。イエスは自分自身を献げ、ただ一度でそのことを成し遂げられたからです。」（ほかにもヘブル九・一二、一〇・一〇で、「ただ一度だけ」ということが強調されています。）

キリストの身代わりの死は、決定的なものでした。罪ある私たち人間を救うためには、一度死ぬだけで十分だったのです。罪のない神の御子の死ですから、ただ一度の死で、私たち人類の罪を償うことができました。

2　私たちを神に導くために（一八節b）

一八節の後半に進みましょう。「それは、肉においては死に渡され、霊においては生かされて、あなたがたを神に導くためでした。」キリストが私たちの罪のために、私たちに代わって、ただ一度十字架の死という苦しみを通られたことには、明確な目的がありました。「肉においては死に渡され、霊においては生かされて、あなたがたを神に導く」こと。それが目的でした。

キリストは、「肉においては死に渡され」ました。その肉体において死に渡された、肉体の死を通られたのです。しかし「霊においては生かされて」いました。この世界、人間の目に見える世界、物質的な領域においては、文字どおり「死に渡され」ました。けれども、目に見えない霊的な領域においては「生かされ」ました。つまり、復活されたのです。

キリストの復活は確かにからだの復活でした。マグダラのマリアにしても、ペテロやヨハネにしても、イエス・キリストの幻を見たのではなく、復活のからだをもって自分たちの前に立っておられる主を見ました。しかし、その体は通常の体とは違っていました。エマオに向かう弟子たちは、主イエスと一緒に歩いていながら、それが主であると分かりませんでした（ルカ二四・一三―一六）。イエス・キリストは十字架で死ぬ以前とは異なる体をおもちでした。施錠した部屋の中に入って来られる体でした。「瞬間移動」も可能な体でした。要するにこの物質的な世界の体とは異なるものでした。それで、パウロもコリント人への手紙第一、一五章四四節で「御霊に属するからだ」とか「御霊のからだ」と表現しています。「復活のからだ」は「御霊のからだ」でした。

このように十字架の苦しみを通って死なれたこと、そして霊のからだに復活されたことを通して、私たち自身が神のもとに立ち返ることができるようになりました。それで、ペテロは、「あなたがたを神に導くためでした」と述べているのです。

「あなたがたを神に導くためでした。」あなたがた（写本によっては「私たち」という読み方もあります）、信じるすべての者たちを神に立ち返らせるためでした。イエス・キリストは、ご自身十字架の死と復活によって、私たちを神に導いてくださいました。私たち人間の罪によって生じた、神と人との間に横たわる深淵を越えて、私たちは神のもとに導かれて来ました。イエス・キリストは、どうしたら神のもとに帰ることができるか分からない私たちの手を引いて、真の神のところに連れて行ってくださったのです。

3　苦しみから善き物が

さて、初めに戻ります。ペテロは一七節で、「神のみこころであるなら、悪を行って苦しみを受けるより、善を行って苦しみを受けるほうがよいのです」と述べ、キリストご自身が通られた苦難に話を進めました。それは、罪のないキリストでさえも、あくまでも善を行ったキリストさえも、大きな苦しみにあわれた事実を思い起こすように、ということだったのでしょう。キリストの模範を心に留めなさいということでしょう。そして、キリストの苦難が私たち罪人の救いというすばらしい結果をもたらしたように、苦難を通して善き物が生み出される現実があることを知るように、ということだったのだと思います。

私たち人間は、ひたすら豊かな生活、快適な生活、困難や苦しみ、面倒なことの少ない生活を追い求めてきました。二十一世紀に入って間もなく十八年、それがかなりかなえられてきたようにも思われます。しかし、見逃してはならない問題があります。そのような楽な生活を享受できるのは、一部の富める国の、それも富める人々だけです。貧富の差は拡大し、その結果、新たな紛争、テロの脅威を生じさせています。

それだけではありません。より小さな苦しみですむ生活を追求し、それをある程度得て、享受していると思われる人々が、むしろ大きな苦しみを味わっているという皮肉な現実があります。つまり、痛みを避けてきた結果、かえって痛みに弱くなり、小さな痛みでも痛く感じるということです。面倒なことを避けてきた結果、それほど面倒でないことでも苦痛に感じられるようになったということです。体の痛みや苦しみだけでない、精神的な痛み、苦しみにおいて、このことは顕著です。私たちは今一度、苦しみを避けるのではなく、苦しみに向かって行く勇気を、神さまからいただきましょう。

もう一つ、この一八節から心に留めたいこと、それは、キリストがどれほど大きな犠牲を払ってくださったかということです。罪のない方、正しい方であるのに、罪人としてさばかれ、私たちの身代わりとなって十字架で死なれたキリスト。私たちはこの方のおかげで、神のもとに来ることができました。この方の犠牲によって、聖なる神と交わることが可能になり、神の子として生きることができるようになりました。

年初の詩篇二三篇からのメッセージの最後にも申し上げたことですが、面倒な問題が起こってきたり、病気が見つかったり、苦しみが生じたりすると、私たちはすぐに神から見捨てられたように思ってしまいます。それはまったくの誤解です。キリストの苦難が人類の救いを実現したように、私たちが苦しみにあうことが、善きものを生み出すのです。パウロはローマ人への手紙五章三―四節で、自分は「苦難さえも喜んでいます」と述べています。そして、こう続けて語ります。「それは、苦難が忍耐を生み出し、忍耐が練られた品性を生み出し、練られた品性が希望を生み出すと、私たちは知っているからです。」

キリストの苦難はあまりにもむごたらしく見るに堪えないものでしたが、それによって、私たちが神に導かれました。同様に、私たちの試練や苦難も私たち自身が神を深く知る機会となります。あるいは他の人が神に導かれるために用いられるのです。それがペテロの手紙第一、三章一七―一八節が私たちに教えようとしていることではないでしょうか。

22　苦難から栄光へ

〈Ⅰペテロ三・一九―二二〉

1　「捕らわれている霊たち」（一九節）

一九節は、新約聖書で最も解釈が難しい箇所の一つです。「その霊においてキリストは、捕らわれている霊たちのところに行って宣言されました。」鍵になる言葉は「捕らわれている霊たち」で、これがだれを指しているのか、意見が分かれます。これまで三つの解釈が提案されてきました。

①第一の解釈は、ここで言われているのは死者の霊、死んだ人たちの霊だとするものです。この解釈に立つと、キリストは亡くなった人たちの霊のところに行って福音を伝えた可能性が生じます。実際、キリストは死者の世界＝陰府において福音を伝えた、と主張する人たちがいます。死後、キリストの福音を聞いて救われるチャンス、セカンドチャンスがあると期待するのです。しかし、キリストが死者の世界に行って福音を伝えたという教えを裏づける聖書の箇所は、ほかにありません。それに、どうして二〇節以下にノアの時

代のことが出てくるのか、それが説明できません。
②第二に、二〇節を見て、ここで言われているのは、「ノアの時代に……従わなかった霊たち」だとする解釈です。一人の人として二千年前にこの世界に誕生なさる前のキリスト、受肉前のキリストが、ノアの時代にも語りかけていたという理解です。しかし、ここで受肉前のキリストがいきなり登場するのは、いかにも唐突です。それに、第一の解釈と同様に、どうしてノアの時代のことだけが語られているのか、よく分かりません。
③そこで第三の解釈ですが、「捕らわれている霊たち」は、悪しき霊、悪霊、私たち人間を神から引き離そうとする霊たちのことであると考えるのが、一番無理がなさそうです。新約聖書で「霊」という言葉が出てくるとき、もちろん、神の霊＝御霊、そして人間の霊、さらに「御使い」の場合もあるのですが、「捕らわれている霊たち」とありますから、神にさばかれて働きが制限されている悪の霊であると考えるのが最も自然です。

2　「宣言されました」vs「みことばを語られた」（一九節）

さて、「キリストは、捕らわれている霊たちのところに行って宣言されました」とあります。第三版まで新改訳聖書は「宣言されました」ではなく、「みことばを語られたのです」と訳していました。この訳自体、キリストが死者の世界で、あるいはノアの時代の人々に福音を語られたという解釈に立っています。しかし実のところ、原文には「みことば」という単語はありません。「宣言する」という意味の動詞があるだけです。そして何を宣言したかは書かれていません。福音の宣言であれば、この手紙では別の言葉、「福音を宣べ伝える」という言葉が使われているので（一・二五、四・六）、そうではなさそうです。むしろ、キリストが「さばき」を宣言した、あるいは「勝利」を宣言した、ということだと思われます。

キリストは一人の人として十字架につけられた。その点でまったく無力な存在のように見えます。神に従わない悪の霊が勝利を収めたように見えました。しかし、実際は正反対で、キリストは、捕らわれている霊たちのところに行って宣言された。彼らに対するさばき、勝利を宣言された。このように理解すると、この章の結び、二二節の言葉にスムーズにつながります。「イエス・キリストは天に上り、神の右におられます。御使いたちも、もろもろの権威と権力も、この方に服従しているのです。」まさに、悪の霊ばかりでなく、あらゆる力を帯びた者たちがキリストに従っているのです。

3　ノアの時代の従わない霊たち（二〇節）

さて、戻って二〇節を見ましょう。

「かつてノアの時代に、箱舟が造られていた間、神が忍耐して待っておられたときに従わなかった霊たちにです。その箱舟に入ったわずかの人たち、すなわち八人は、水を通って救われました。」

ここで、ペテロがノアの時代のことに言及したのは、なぜでしょうか。不従順な霊、従わない悪の霊は、いつの時代にもいたはずです。どうしてノアの時代のことをわざわざ持ち出したのでしょうか。

それは、ノアとその家族が、これまで述べてきた「信仰のゆえに苦しみにあった人たち」の典型であったからではないかと思われます。彼らは信仰のゆえに苦しみにあいましたが、箱舟に入り、水を通って救われました。そして、彼らを苦しめた不従順の霊たちは、キリストからご自身のさばき、ご自身の勝利を告げられることになったのです。

ノアは人々に悔い改めを勧めました。神を畏れ、罪深い生活を捨てるよう勧めました。けれども人々はノア一家をあざけり、蔑みました。その結果、ノアとノアの息子たち、そして妻たち八人が箱舟に入って救われた一方で、大多数の者たちは滅びることになりました。ノアを立て、人々に警告を発せられた神は、実際、忍耐して待っておられたのです。しかし、人々は従いませんでした。頑なで冷淡でした。そのような彼らを動かしていたのが悪の霊たちでした。ですから、そのような霊たちにキリストは勝利とさばきを宣言されたのです。

このように、ノアとその家族は、神のみこころに従うゆえに苦しみにあう神の民のモデルでした。しかしまた、ノアの洪水は、神に従う者たちを救い、従わない悪しき者たちにさばきと勝利を宣言する出来事でもあります。ですから、ノアの話がここで持ち出されたのでしょう。

4　ノアの一家とペテロの時代のキリスト者たちの共通点（二一節）

「この水はまた、今あなたがたをイエス・キリストの復活を通して救うバプテスマの型なのです。バプテスマは肉の汚れを取り除くものではありません。それはむしろ、健全な良心が神に対して行う誓約です。」

考えてみれば、ノアと彼の家族は、「水を通って救われました」。その姿は、バプテスマを受ける人々の姿と重なります。やはり「水を通って救われ」るからです。といっても、バプテスマそのものが肉の汚れを取り除くのではありません。洗礼は、キリストの復活を通して実現した救いが、自分にも与えられたことを感謝し、健全な良心をもって神に従っていくことを誓約するものです。

このように、ノアの箱舟と洪水は、苦しみにあった人々の救いのイラストでした。また、キリストご自身についていえば、苦難のキリストが、栄光のキリスト、勝利のキリストとなられたのです。そこで、ペテロは二二節をもって、この箇所を結びます。

「イエス・キリストは天に上り、神の右におられます。御使いたちも、もろもろの権威と権力も、この方に服従しているのです。」

この箇所だけではありません。聖書はいろいろな箇所で、苦難のキリストこそ栄光のキリスト、勝利のキリストであることを証ししています。その典型的な箇所の一つは、ピリピ人への手紙二章六―一一節でしょう。パウロが書いているキリスト賛歌です。

「キリストは、神の御姿であられるのに、
神としてのあり方を捨てられないとは考えず、
ご自分を空しくして、しもべの姿をとり、
人間と同じようになられました。
人としての姿をもって現れ、

自らを低くして、死にまで、
それも十字架の死にまで従われました。
それゆえ神は、この方を高く上げて、
すべての名にまさる名を与えられました。
それは、イエスの名によって、
天にあるもの、地にあるもの、
地の下にあるもののすべてが膝をかがめ、
すべての舌が
『イエス・キリストは主です』と告白して、
父なる神に栄光を帰するためです。」

結び

先週お話ししたように、この手紙は、苦しみにあっているキリスト者たちを励ますために書かれたものです。ペテロは何をもって苦難の中にあるクリスチャンたちを励ましているのでしょうか。先週の一七、一八節から教えられたことは、苦難から良きものが生まれたということ、苦しみを通して良いものが生み出されるということでした。何しろ、イエス・キリストの十字架によって、私たちの救いが実現し、私たちは救われたのですから。そして、きょうの一九―二二節から教えられることは、キリストの十字架の苦難は苦難で終わらなかった。苦しみにあわれたキリストこそ、「天に上り、神の右におられ」る方、「すべて」のものが「膝をかがめ、すべての舌が『イエス・キリストは主です』と告白して、父なる神に栄光を帰する」、そのようなお方であることが明らかにされたということです。つまり、苦難は苦難で終わらず、栄光と勝利に至るということです。私たちがキリストに従いながら苦しみにあうとしたら、そのような私たちを、神は高く上げてくださるのです。

苦難から良きものが生まれ、苦難が栄光をもたらす。そのことをペテロはすでに、この手紙の初めのところで明らかにしていました。その箇所、一章六b―七節を読んで、このメッセージを終わりたいと思います。

「今しばらくの間、様々な試練の中で悲しまなければならないのですが、試練で試されたあなたがたの信仰は、火で精錬されてもなお朽ちていく金よりも高価であり、イエス・キリストが現れるとき、称賛と栄光と誉れをもたらします。」

23　地上での残された時を

〈Ⅰペテロ四・一―一一〉

1　キリストを模範として（一節a）

きょうから四章に入ります。この手紙において、イエス・キリストについて強調されている一つのことは、「私たちの身代わりになられたキリスト」です。また、もう一つ別の強調点もあります。それは、「私たちの模範となられたキリスト」です。二章二一節に、「キリストも、あなたがたのために苦しみを受け、その足跡に従うようにと、あなたがたに模範を残された」とありました。同じように、四章の冒頭では、「キリストは肉において苦しみを受けられたのですから、あなたがたも同じ心構えで自分自身を武装しなさい」と言われています。やはりキリストの模範に倣うようにと勧めているのです。

イエス・キリストは神の御子です。神であるお方が人として生きられたのです。ですから、確かに私たちと違います。しかし誤解してはなりません。キリストは「肉において苦しみを受けられたのです」。ヘブル人への手紙四章一五節にあるように、「罪は犯しませんでしたが、すべての点において、私たちと同じように試みにあわれたのです」。よく申し上げるのですが、主イエスは決してスーパーマンではありません。私たちと同じ、生身の人間でした。罪は犯さなかったけれども、その他の点では「肉」の弱さを身にまとわれました。

どうして、そこまでされたのかといえば、一つは、私たちの身代わりとなって贖罪の死を遂げるためでした。そして、もう一つは、罪を犯し、罪ある者となって、神の栄光を現すことができなくなった私たち人間の姿を、神が当初計画された本来の姿に回復するためでした。すなわち、「神のかたち」としての人間の姿、神のすばらしいご性質を反映する人間の姿を私たちに示すために、神の御子が人となられた、受肉なさったのです。

それは、私たちクリスチャンがキリストのように変えられていくことを、神が期待しておられるからです。罪が赦され、新しいいのちをいただいたということは、その変化、神のかたちの回復のスタートラインに立ったということです。その後の私たちの人生は、キリストのかたちに変えられていく人生です。言うまでもないことですが、私たちがユダヤ人のような顔をもつようになるといったことではありません。キリストがもっておられた父なる神との親密な交わり、キリストがもっておられた愛と憐れみ、知恵や勇気、平安。そのようなものをもつ者へと、一歩一歩変えられていくのが私たちの人生です。パウロもコリント人への手紙第二、三章一八節でこう記しています。「私たちはみな……鏡のように主の栄光を映しつつ、栄光から栄光へと、主と同じかたちに姿を変えられていきます。」

　何という幸い、何という祝福でしょうか。

　さて、ペテロはここで、「キリストは肉において苦しみを受けられたのですから、あなたがたも同じ心構えで自分自身を武装しなさい」と言っています。キリストと同じ心構えでいなさい、と単純に言ってもよかったかもしれませんが、「武装しなさい」、武具で身を固めなさい、とものものしい言い方をしています。それは、闘いがあるからです。簡単に妥協してしまう。簡単にあきらめてしまう。そして、神がお与えくださる祝福を受けないまま、クリスチャンになってもならなくてもあまり変わらない、そんな人生を送ってしまう危険性がある。そこで、闘いを自覚して、「武装しなさい」と言うのです。

　それでは、ここでペテロが語っている「同じ心構え」とは、何なのでしょうか。「キリストは肉において苦しみを受けられたのですから」とありますから、苦しみや困難にあうことを辞さない覚悟と言ってもよいでしょう。イエス・キリストを信じて生きるクリスチャンの人生において、何らかの意味で苦しみを通ること、困難を経験することは避けられないと自覚し、受け入れることでしょう。そのような心の武装をすることによって、信仰生活は違ったものとなることを、ペテロは言おうとしているのです。

2　キリストの十字架の苦難に合わせられて（一節b）

それで、一節後半でこう言います。

「肉において苦しみを受けた人は、罪との関わりを断っているのです。」

この言葉は、解釈が難しく、様々な説明が試みられてきました。「断っている」という言葉は完了形で、罪との関わりが「断たれた」ともとれますし、「断っている」とも訳せます。もし、「断たれた」ということであれば、基本的に、パウロがローマ人への手紙六章で語っていることと同じことを述べていることになります。つまり、キリストを信じ、受け入れたとき、私たちは十字架のキリストと一つにされました。それで、罪に支配され、罪に仕えて生きてきた私たちが、「罪との関わりを断」たれて、新しいいのち、復活のいのちに生きる者とされたのです。

もう一つの解釈はこうです。キリストの苦難に自分もあずかることを受け入れたクリスチャンは、その苦しみの中で、実際「罪との関わりを断」ち、きよい生活をしようとしているということです。私はこの二つの理解はどちらも大切だと思います。つまり、キリストと一体化された事実の上に立ち、しかもキリストの苦難に自分自身あずかりながら、自らの罪と訣別していくようになったということです。自分の自己中心的な生き方を離れて生きる新しい生き方に転換したということです。

3 神のみこころに生きるため（二節a）

続く二節は、今述べたことの目的ないし結果を明らかにしています。

「それは、あなたがたが地上での残された時を、もはや人間の欲望にではなく、神のみこころに生きるようになるためです。」

原文では最初に、「もはや人間の欲望にではなく、神のみこころに」という言葉がありますので、まずそこから考えましょう。

私たちは、キリストを信じていなかったときは、まさに「人間の欲望に」したがって生きていました。自己中心的な欲望です。世界の中心は自分で、自分の成功、自分の楽しみ、自分の計画、自分のプライドが生活の中心にありました。しかし、そのような自己中心的な生活には、真の満足、真の平安、真の喜びはありません。自分の思いどおりにならなければ、（実際、自分の思いどおり、他の人は動いてくれませんから）苛立ち、怒り、恨みます。あるいは自己憐憫に陥り、惨めな気持ちになり、無気力になるかもしれません。いえ、晴らすことはできず、ますます空しい気持ちになるでしょう。ですから、「人間の欲望に」したがって生きることから、「神のみこころに生きる」ことに変わることは、本当に幸いなことです。神の恵みであり、祝福です。

聖書の世界、キリストを信じて生きることのすばらしさがまだ理解できない方々は、そういう生き方は窮屈な生き方ではないかと思うかもしれません。「神のみこころ」「神のみこころ」といつも気にして、自分というものがなくなると考え、「もう教会に行くのはやめよう」と思うかもしれません。それはまったくの誤解であることを知っていただきたいと思います。

「神のみこころ」を求めて生きるなら、むしろ、自分への執着、自分のプライドや不安から解放され、心の自由を得ます。自分ですべての責任を背負い込んで疲れ果ててしまうような生活からの解放です。それに、「神のみこころ」を求めるということは、権力をもつ者の顔色をうかがい、忖度《そんたく》しながら生きることでもありません。神は、私たちが主体的に判断し、決断し、自分の選んだ道を責任をもって生きる、そのような勇気を与えてくださいます。

私たちは、一日の初めに「あなたのみこころに生きる」ことができるようにと祈ります。

そして、様々な場面で、「主よ、どうしたらよいのでしょうか」と問います。あるいは、「主よ、この人を助けることができるように」と祈ります。そして、一日の終わりに、主が不思議なように、自分の一日の歩みを支え、導いてくださっていたこと、自分の祈りに答えてくださったことを感謝し、自分の思いどおりになっていなくても、ゆだねて眠りにつくことができるのです。そこには心の自由と平安があります。

4　地上での残された時を（二節b）

「それは、あなたがたが地上での残された時を、もはや人間の欲望にではなく、神のみこころに生きるようになるためです。」

最後に、「あなたがたが地上での残された時を」とあることに目を留めましょう。
先週、北海道の旭川に参りました。日本福音キリスト教会連合の道北聖会でメッセージをするためでした。そこで、いろいろな方々と再会しました。一九八〇年代、私どもが埼玉県で牧会していたときに、信仰にお導きしたご夫婦ともお会いしました。ほとんど三十年ぶりでした。覚悟はしていましたが、三十代後半から四十代にかけて、教会生活を共にしていた私たちは、六十代後半、七十代になっていました。ご夫妻とも見事に白髪になっておられました。彼らも思ったでしょう。「内田先生、すっかり髪が薄くなった」と。

それから、もう一人は、A姉のお兄様、Tさんです。子ども時代、前橋教会で育った方です。私どもが前橋に来て十年の間に五〇人近い方の葬儀をさせていただいたこと、その中に、「だれだれさん、だれだれさんがいます。そう、だれだれさんのご葬儀もしました。だれだれさんは三年前に召されました」とお話ししました。すると、「だれだれさんとだれだれさんは、私の教会学校の先生でした。だれだれさんには、よくしていただきました。だれだれさんも召されたのですか」と感慨深そうに語っておられました。

私たちに与えられている時は短いのです。「地上での残された時」なのです。自分にどれくらい残された時があるのか、私たちには分かりません。突然終わりが来るかもしれません。ですから、神のみこころのために生きましょう。一日の初めに、「神のみこころに生きる」ことができるようにと祈りましょう。「もはや人間の欲望にではなく、神のみこころに生きるように」毎朝祈って、一日を歩み出しましょう。

24　神によって生きるため

〈Ⅰペテロ四・三—六〉

先週、私たちは、自己中心的な生き方、自分の欲望に支配された生き方ではなく、神のみこころに生きることの大切さを教えられました。私たちに与えられている人生は限られたものであることを、心に留めました。この地上で生きる時間、「残された時間」は限られている現実を思いました。そこで、きょうは三節に進みます。

1　かつては欲望に生きていたクリスチャンたち（三節）

「あなたがたは異邦人たちがしたいと思っていることを行い、好色、欲望、泥酔、遊興、宴会騒ぎ、律法に反する偶像礼拝などにふけりましたが、それは過ぎ去った時で十分です。」

ペテロがこの手紙を宛てているクリスチャンたちも、かつて他の異邦人たちと同じような生活をしていたようです。「好色、欲望、泥酔、遊興、宴会騒ぎ」とあります。相当、お酒に溺れ、また性的なモラルにおいても乱れた生活をしていたようです。加えて「偶像礼拝」。人間の手でこしらえた神々の像を拝んでいたのでした。そうした中で彼らは、欲望に任せた生活の空しさ、愚かさに気がついて、クリスチャンになり、自分の欲望に支配された生活と訣別したのでした。

そのような彼らに、ペテロは「それは過ぎ去った時で十分です」と言います。それは、異教の生活から回心した者たちが、逆戻りする危険性があったからです。元の生活に戻ってしまう誘惑があったからです。

2　昔の仲間からのプレッシャーと彼らが受けるさばき（四―五節）

実際、以前の遊び仲間からプレッシャーがあったことが、続く四節の言葉から分かります。

「異邦人たちは、あなたがたが一緒に、度を越した同じ放蕩に走らないので不審に思い、中傷します……。」

生活が大きく変化したクリスチャンたちの姿は、元の遊び仲間にとって不可解でした。罪深い欲望を追求している者たちは、「どうして自分たちと一緒に宴会騒ぎをしないのか、淫らな遊びをしないのか」と不審に思うのです。「付き合いづらい」「様子がおかしい」「あいつは変人だ」「偽善者だ」「偉ぶっている」「何様だと思っているのだ」等々、噂や中傷の言葉が飛び交います。

そのような状況で、孤立するかもしれません。嫌がらせをされたり、虐められたりするかもしれません。そんなつらい目にあうのなら、妥協して以前の生活に戻ったほうがよい、と思うクリスチャンもいたかもしれません。そこで、ペテロは「それは過ぎ去った時で十分です」と言ったのです。それだけでなく、一つの大事な事実を見落とさないよう注意を促します。五節です。

「彼らは、生きている者と死んだ者をさばこうとしておられる方に対して、申し開きをすることになります。」

「生きている者と死んだ者をさばこうとしておられる方」は、言うまでもなく神です。「今にもさばきを行おうとしておられる」「さばきを行う準備ができている」というのです。自分の欲望のままに生きている人々は、遠からず、すべての人をさばかれる神の前に立つことになります。自分たちと一緒に快楽にふけらないクリスチャンたちを悪く言ったことも含めて、神によってさばかれるのです。

しばらく前から、教会で「神のさばき」があまり語られなくなっていると言われます。神は愛であるから、神のさばきとか、神の怒りとかいったことは、ふさわしくないと言われるのです。しかし、聖書に「神のさばき」が語られていることは明らかです。耳に心地の良いことだけ語って、真実を語らないのは、愛ではありません。確かに神は愛です。しかしまた、神は聖なるお方、義をもって世界をさばかれる方でもあります。たとえ検察庁が悪や不正を見逃したとしても、神は見逃されません。神は罪を罪としてさばかれます。それだからこそ、神の御子キリストは、私たちの罪のために十字架で苦しみにあわれたのでした。私たちは神のさばきを忘れてはなりません。ヘブル人への手紙九章二七節に「人間には、一度死ぬことと死後にさばきを受けることが定まっている」とあるのですから。

3　人としてさばかれても、神によって生きるため（六節）

最後の六節は、三章一九節と同じように難解な箇所です。新改訳第三版では、意味が曖昧でした。「というのは、死んだ人々にも福音が宣べ伝えられていたのですが……」とありました。それが、新改訳２０１７で次のように変わりました。

「このさばきがあるために、死んだ人々にも生前、福音が宣べ伝えられていたのです。」

何が違うのでしょうか。「生前」という言葉が加わったことです。「生前」という言葉自体は原文にありませんが、それを補わないと意味が正しく通じないため、補ったのです。欄外の注に「『生前』は補足」と書いてあります。ここで言われていることは、すでに死んでいるクリスチャンたちが生前、福音を聞かされたのは、このさばきがあるためだった、このさばきに備えるためだったということだった、ということなのです。神のさばきがやがて行われる。まさにそのために、すでに地上の生涯を終えている信仰の仲間たちは、生前、福音を聞く機会が与えられていたのだ。そういった意味です。

後半はどうでしょうか。

「彼らが肉においては人間としてさばきを受けても、霊においては神によって生きるためでした。」

神のもとに立ち返ったクリスチャンも、罪の支払う報酬としての死を免れません。肉においては人間としてさばきを受けることになるのです。ですから、信仰のない人たちから、

「なんだ、クリスチャンだって苦しんだり、不遇のうちに死を迎えたりするではないか」と揶揄《やゆ》されるかもしれません。しかし、死を通るにしても、霊においては、神が生かしてくださいます。三章一八節では、キリストが、肉においては死に渡され、霊においては生かされたと言われていました。同じようにキリストを信じる者たちも、霊においては神に生かされ、神との交わりの中に生きることになるのです。

結　び

コリント人への手紙第二、五章一〇節でパウロはこう語っています。

「私たちはみな、善であれ悪であれ、それぞれ肉体においてした行いに応じて報いを受けるために、キリストのさばきの座の前に現れなければならないのです。」

救われた者たちも、神の御前に立つことになります。確かに、罪赦され、永遠のいのちを与えられた者として、神の御前に立つのであって、いたずらに恐れる必要はありません。それどころか、私たちは天の故郷に帰るのであり、いつくしみ深い天の父の前に立つのですから、それは喜びの時です。

しかしまた、私たちは、神の御前で自分の人生について報告することになります。パウロが語っているだけでなく、主イエスも教えておられます。「タラントのたとえ」です。タラントを託されたしもべたちが、預かったタラントを生かしたかどうか、主人に報告する話です（マタイ二五・一四—三〇）。他の人と比べる必要はありません。完璧な人間にならなければならないということでもありません。ただ、神から与えられている命をはじめとする様々な賜物を感謝し、それを用いて、神の恵みに生かされた人生を歩むのか、それとも、とことん自己中心に生きるのかの問題です。悩み、苦しみはありますが、神に拠り頼み、与えられた賜物を生かしつつ、神に用いられる人生を送らせていただきたいと思います。

25　万物の終わりが近づいた

〈Ⅰペテロ四・七―一一〉

1　万物の終わりが近づいた（七節a）

「万物の終わりが近づきました。」

厳かな宣言です。でも「あれから二千年経っても、まだ終末は訪れていないではないか。この言葉は実現しなかったのではないか」と思う人もいるかもしれません。そうではありません。聖書の歴史観に立てば、メシアが到来するのは終末の時代です。待ち望んでいたメシアが事実来られたのだから、「終わりは近づいた」と思うのは当然でした。「その終末の時代が二千年続いているのか。」そのとおりです。神の石臼はゆっくり回ります。神にとって「一日は千年のようであり、千年は一日のよう」なのです（Ⅱペテロ三・八）。

しかし、今私たちは、ペテロの時代以上に、終わりが近いことを実感しています。特に原発事故、環境破壊、地球の温暖化、オゾン層の破壊、異常気象、環境ホルモンによる精子の減少など、「世の終わり」が実に現実味を帯びています。それだけではありません。人類の歴史はすでに頂点に達しているのではないかと思われます。人工知能が人間に代わって、人間以上の仕事をすることになれば、人間の能力は衰退していきます。加えて、ポストモダンと言われる時代、最近の政治の動きに見られるように、明らかな嘘であると分かっていながら、本人が「嘘」と認めなければ、それ以上追及できない、という倫理的な腐敗もあります。「終わりが近い」と感じる人たちは少なくありません。

しかし、聖書が教える終末は、単なる「終わり」ではありません。むしろ、神による救いが完成する時です。キリストが再び来られ、神が罪と不義に満ちた世界をさばかれ、罪によって損なわれた世界に決定的に介入なさって、「新しい天と新しい地」を再創造する時。私たちの想像を超えた神による万物更新の時です。私たちが悪や苦しみから解放される時です。ですから、キリスト者は終末を待ち望むのです。

「万物の終わりが近づきました。」この言葉に私たちが敏感に反応する理由がさらにあります。歴史の動きから終わりが近いと感じるのです。

まず、主イエスが「御国のこの福音は全世界に宣べ伝えられて、すべての民族に証しされ、それから終わりが来ます」とおっしゃっていることです（マタイ二四・一四）。イエス・キリストの福音は全世界に伝えられてきました。「すべての民族」というとき、どのレベルなのか分かりませんが、二十一世紀を迎えて、福音が世界中に伝えられてきていることは確かです。

第二に、ユダヤ人の歴史です。一九四八年、イスラエルの国が再建され、多くのユダヤ人がパレスチナに帰って行きました。この出来事の歴史的評価は様々ですが、旧約の預言書に約束されていることの成就であると受け取ることもできるでしょう。

第三に、千数百年にわたって存在していなかった「メシアニック・ジュー（以下、MJ）」と呼ばれるユダヤ人キリスト者が増えてきていることです。ユダヤ人、ユダヤ教徒でキリスト教に改宗した人たちは少なからずいましたが、ユダヤ人としてのアイデンティティーを放棄しなければなりませんでした。こうした人々と違って、MJはユダヤ人としてのアイデンティティーを保ちながら、イエスをメシア、救い主と信じる、パウロやペテロのような人たちです。二十世紀に入り、MJは漸増し、一九六七年に数千人、それでも「会衆（グループ）」の数はゼロでしたが、今は全世界に三五〇以上の会衆があり、MJの数はイスラエル内だけで一万五千人に上るそうです。終わりの時代に多くのユダヤ人が主イエスを信じるようになる、というローマ人への手紙一一章二五―二六節の約束が現実味を帯びてきました。

2　私たちのなすべき四つのこと（七b―一一節a）

さて、万物の終りが近い、ということで、私たちはどのような心がけで生活したら良いのでしょうか。ペテロはここで四つのことを勧めています。

(1)　内なるものを整える（七節b）

「時は短い。だから駆けずり回りなさい」ではありません。「好きなことをして暮らそう」でもありません。むしろ「祈りのために、心を整え身を慎みなさい」と勧められています。何をするかではなく、神の前に心を静めることです。そうでなければ、何をしたらよいか分からないし、何かをしても神の栄光を現すことはできないからです。

ペテロは「祈りなさい」と言うのではなく、「祈りのために、心を整え身を慎みなさい」と、祈りの前提となる心の整いを勧めます。朝起きたときに、「神がここにおられる」こと、神の臨在を覚えましょう。そこからすべてが始まるのです。

(2)　互いに愛し合う（八節）

「何よりもまず、互いに熱心に愛し合いなさい。愛は多くの罪をおおうからです。」

「何よりもまず」とあります。最優先課題は愛し合うことです。「熱心に」と訳されている言葉は、馬が筋肉を「ぴんと張って」全速力で走る姿を描写しています。つまり、そのような努力がなければ、自動的に愛し合うことができるわけではありません。あなたは、あなたの隣人を愛するためにどのような努力をする必要があるでしょうか。妻に一日に一回は感謝の言葉を述べるとか、赦せない、愛せないと思う人のために祈り続けるとか、それぞれ具体的な努力が必要です。

「愛は多くの罪をおおうからです。」似た教えが箴言一〇章一二節にあります。「憎しみは争いを引き起こし、愛はすべての背きをおおう」とあります。罪人の私たちにとって最大の問題は、他の人との関係でしょう。クリスチャン同士でも、争ったり、対立したり、意地を張ったりすることがあります。ここで「多くの罪をおおう」とある「罪」は自分の罪ではなく、他の人の罪です。自分がどれほど神に愛されているかを覚え、キリストの愛をもって他の人を赦し愛することを求めていくならば、非が相手の側にあったとしても、多くの罪をおおうことになる、すべての背きをおおうことになる、ということです。もし愛があるなら、いたずらに責めたり、怒ったりして相手を追いつめることはしません。むしろ、穏やかに語りかけ、平和な関係を築いていくでしょう。

あなたは今、そのような問題を抱えていませんか。そのような問題があるなら、それを解決することが最優先課題です。

(3) 親切にもてなし合う(九節)

「不平を言わないで、互いにもてなし合いなさい。」

一世紀半ばの教会は家の教会でした。新しい回心者で、迫害にあっている人たち、職を失う人もいました。また、伝道者や宣教師が巡回して来るとき、安全なホテルなどあまりない時代ですから、彼らはしばしばホームステイしました。そのような状況で、「もてなし」は大切な愛の奉仕でした。

今日、この「もてなし」に当たるものは何でしょうか。高齢者の介護、外国人に対する援助、助けを必要としている人たちを支えることでしょう。しかし、このもてなしの働きに落とし穴があります。「不平」(ぶつぶつ言うこと)です。初め喜んでしていたことが、いつのまにか負担になり、「不平を言」うことになるのです。だから、良きわざも継続するには、十分に祈り、考え、主から愛と知恵をいただかなければなりません。

(4) 賜物を用いて奉仕する(一〇―一一節a)

「それぞれが賜物を受けているのですから、神の様々な恵みの良い管理者として、その賜物を用いて互いに仕え合いなさい。」

ペテロが「それぞれが賜物を受けているのですから」と書いたのは、自分の賜物に気づいていない人、自分の賜物を感謝していない人、用いていない人がいるからでしょう。ずいぶん前のことですが、ある姉妹（Nさん）が「私はH姉のようにできない」と悩んでいました。ところがそのH姉はN姉のようにできないことを悩んでいたのです。案外、自分に与えられている良き物を意識していないものです。「それぞれが賜物を受けているのです。」

「神の様々な恵みの良い管理者として」。賜物は神があなたに管理を委ねているものです。用いるようにと託されているのです。「その賜物を用いて互いに仕え合いなさい」と言われています。賜物を用いなければ、神の期待に背くことになります。主イエスが語られた「タラントのたとえ」で、一タラントを地に隠しておいたしもべが厳しく叱られていることを、私たちは思い起こします（マタイ二五・二四―三〇）。

ここでペテロは、賜物、奉仕の具体例を二つ挙げています。まず、「語るのであれば、神のことばにふさわしく語りなさい」と勧めています。一つは、みことばを語る奉仕です。牧師、副牧師はもちろんですが、教会学校の教師も、「神のことばにふさわしく語」るよう勧められています。「神のことば」を語る恐れと喜びをもって、確信をもって、神が自分を通して語られることを期待しつつ、語るのです。

続いて「奉仕するのであれば、神が備えてくださる力によって、ふさわしく奉仕しなさい」とあります。仕える奉仕、人に助けの手を伸べる奉仕です。自分の力ではありません。「神が備えてくださる力によって」奉仕するのです。ここで「備えてくださる」と訳されている言葉は、合唱隊の費用をもつ、合唱隊のスポンサーになるという意味をもっていました。神がスポンサーなのです。神ご自身が必要なものを備えてくださるのです。ですから、尻込みすることはありません。私自身もこれまで、どれほど主の不思議な備えを経験してきたことでしょうか。

3　生きる目的・神の栄光が現されること（一一節b）

「すべてにおいて、イエス・キリストを通して神があがめられるためです。この方に栄光と力が世々限りなくありますように。アーメン。」

すべてのことにおいて、私の栄光ではなく、神の栄光が現されること。それが私たちの奉仕の、いや人生の目的です。

有名な話ですが、バッハは作曲した楽譜の最後にＪＳＢではなく、ＳＤＧと書き込みました。「ただ神に栄光あれ!」 Soli Deo Gloria のイニシャルです。

〈祈り〉 主よ、私たちは、いつこの世界に終わりが訪れるか分かりません。終わりの時は、キリストが来られて救いを完成してくださる時ですから、それに期待しつつ、あなたが今、私たちに何を期待しておられるか、よく祈り、考えて、あなたが託してくださっている賜物を用いて、人々に仕えていけるよう、助けてください。

しかしながら、何かをする以前に、互いに熱心に愛し合うことができますように。私たちの内にある冷ややかな思いや苦々しい思いを取り除いてください。そのために、祈ることができるように。祈りのために心を整えることができるように助けてください。私の言葉や態度、私の人格、私の存在を通して、あなたの栄光が現されますように。アーメン。

26　キリスト者として苦しみにあうなら、喜ぼう

〈Ⅰペテロ四・一二―一九〉

一一節の最後に「この方に栄光と力が世々限りなくありますように。アーメン」とありました。キリストを讃える言葉、「頌栄」です。これで一旦、手紙を書き終えたような感じがします。しかし、まだ書き足らないとペテロは感じたのでしょうか。一二節以下を書き加えます。内容はやはり、苦しみにあっている兄弟姉妹たちを励ます言葉です。これまで述べてきたことを繰り返すのです。それだけペテロの中には、迫害にあっているクリスチャンたちを何としても支えなければ、という思いがあったのでしょう。

1　苦しみにあっても、喜びなさい（一二―一四節）

「愛する者たち。あなたがたを試みるためにあなたがたの間で燃えさかる試練を、何か思いがけないことが起こったかのように、不審に思ってはいけません。むしろ、キリストの苦難にあずかればあずかるほど、いっそう喜びなさい。キリストの栄光が現れる

ときにも、歓喜にあふれて喜ぶためです。」

ペテロは、私たちが迫害や試練が襲ってきたなら、「何か思いがけないことが起こったかのように、不審に思ってはいけません。むしろ、キリストの苦難にあずかればあずかるほど、いっそう喜びなさい」と言います（一二b―一三節a）。「主に従っているのに、どうして苦しまなければならないのか」と思わないで、喜びなさい。「苦しみから救われるためにクリスチャンになったのに、また苦しい思いをするなんて」と思わないで、喜びなさい。そう言うのです。しかし、どうして喜ぶことができるのでしょうか。その理由を三つ挙げています。

⑴　苦しみの中で、信仰が練られていく

一二節の前半に、「あなたがたを試みるためにあなたがたの間で燃えさかる試練」と書かれています。私たちが経験する苦しみ、困難は、単なる苦しみ、単なる困難ではなく、「試練」なのです。つまり、その苦しみや困難によって、私たちが試みられ、成長していくのです。信仰が純化されていくのです。信仰的にも人格的にも整えられ、豊かにされていくのです。これが、苦しみの中にあっても喜ぶ第一の理由です。

私たちは試練によって成長していく、という真理が聖書のところどころに語られていま

す。たとえばヘブル人への手紙一二章六、一一節にこうあります。

「主はその愛する者を訓練し、受け入れるすべての子に、むちを加えられる……すべての訓練は、そのときは喜ばしいものではなく、かえって苦しく思われるものですが、後になると、これによって鍛えられた人々に、義という平安の実を結ばせます。」

ここで「訓練」と訳されている言葉は、以前の訳では「懲らしめ」でした。神は、いわば、私たちに鞭を加えて懲らしめる、訓練されるのです。私たちを愛しておられるゆえに、試練を通して私たちを成長させるのです。試練にあっているときは、もちろんつらいものです。しかし、やがて義の実を結ぶことになる、平安な気持ちで神の前に立つことができる、というのです。

(2) キリストの苦しみにあずかり、栄光に至る

苦しみにあいながら喜ぶことができる第二の理由は、それによってキリストの苦しみにあずかり、栄光に至るからです。一三節をもう一度、読みましょう。

「むしろ、キリストの苦難にあずかればあずかるほど、いっそう喜びなさい。キリス

トの栄光が現れるときにも、歓喜にあふれて喜ぶためです。」

もし私たちが苦しみを経験するなら、それはキリストと苦しみを共にすることであり、しかも苦しみが苦しみで終わらない、やがて救いが完成するときに「歓喜にあふれて喜ぶ」ことになるのです。

同じような教えがローマ人への手紙八章一七―一八節にあります。

「……私たちはキリストと、栄光をともに受けるために苦難をともにしているのですから、神の相続人であり、キリストとともに共同相続人なのです。今の時の苦難は、やがて私たちに啓示される栄光に比べれば、取るに足りないと私は考えます。」

現在の苦難は苦難で終わらない。やがてそれは栄光となる。その栄光に比べれば、現在の苦しみは取るに足らないというのです。

(3) 神の御霊が苦しむ者たちの上にとどまっている

ペテロの手紙第一に戻ります。四章一四節を読みましょう。苦しみにあいながら喜ぶことができる第三の理由は、神の御霊が苦しむ者の上にとどまってくださることです。

「もしキリストの名のためにののしられるなら、あなたがたは幸いです。栄光の御霊、すなわち神の御霊が、あなたがたの上にとどまってくださるからです。」

もう二十五年以上も前に聞いた話です。妻の友人で、当時、中国の家の教会のリーダー訓練をしていたジェームズという方から、こんな話を聞きました。一九四六年、中国が共産化されたとき、キリスト者は四十万しかいなかった。それが、(一九九〇年代に入った)今では六千万になっている(五十年足らずのうちに、一〇〇倍以上に増えた)。世界全体で、毎日七万人の人がクリスチャンになっているが、そのうち、二万人が中国人。迫害され、逮捕されたり、投獄されたりする恐れがあるにもかかわらず、一日十二時間、十日間のリーダー訓練を受けに、毎日長い道のりを人々はやって来るそうです。

確かに、迫害で苦しむ教会の上に聖霊がとどまっているのです。二十五年以上も前の話なので、最近のことを調べてみました。ブリタニカ国際年鑑の最新データによると、中国の人口の七―七・五%、九一〇〇―九七五〇万人がクリスチャンになっているそうです。しかし、「在米の中国人人権活動家や在日本の中国人ジャーナリストなどの知識人が把握している直近の状況では、当局の監督下にある国家公認教会と非公認教会の合計は人口の一〇%を超える段階に達しており、一億三〇〇〇万人を超えているという情報が有力」とのことです（Wikipediaより）。

2　自分の非によって苦しみにあわないようにしなさい（一五―一六節）

一五―一六節に進みましょう。

「あなたがたのうちのだれも、人殺し、盗人、危害を加える者、他人のことに干渉する者として、苦しみにあうことがないようにしなさい。しかし、キリスト者として苦しみを受けるのなら、恥じることはありません。かえって、このことのゆえに神をあがめなさい。」

第二の助言は、「自分が悪いことをしたために苦しみにあう、というようなことがないようにしなさい」ということです。さすがに「人殺し、盗人、危害を加える者」ということはないかもしれません。「他人のことに干渉する」ようなことなら、あるかもしれません。「あいさつをしない」「片づけないで帰ってしまう」「自分の失敗を他の人のせいにする」「礼儀を知らない」といったことで、「クリスチャンなのに」とか「偉そうなことを言って」とかと非難されたとき、「私は今、苦しみにあっているから幸いだ」と言うことはできません。

3　神に委ねなさい（一七―一九節）

「さばきが神の家から始まる時が来ているからです。それが、まず私たちから始まるとすれば、神の福音に従わない者たちの結末はどうなるのでしょうか。」

一七節に進むと「さばきが神の家から始まる時が来ているからです」とあります。ここでペテロは、「神の家」にいるクリスチャンたちが、この世で迫害や困難、苦しみにあっていることを「さばき」と表現しています。神に愛されているキリスト者でも、私たちを成長させようとする神の愛ゆえなのですが、苦しみにあいます。だとすれば、「神の福音に従わない者たちの結末はどうなるのでしょうか」。つまり、神に従わない者たちは、もっと大きな苦しみにあうことになるのではないか、というのです。

一八節は箴言一一章三一節の引用です。

「正しい者がかろうじて救われるのなら、

不敬虔な者や罪人はどうなるのか。」

「正しい者がかろうじて救われる」という言葉を、私たちがキリストの最後の審判の座で、かろうじて、やっとのことで救われる、それほど、最後のさばきは厳しいという意味にとるのは間違いです。むしろ、この地上におけるクリスチャンの人生に様々な困難や迫害があることを、「かろうじて救われる」と表現しているのです。そうだとすれば、「不敬虔な者や罪」を赦されていない者たちの結末はどうなるだろうか、というのです。だから、困難はあっても神の御手のうちにあるキリスト者の幸いを思わずにはいられないと、ペテロは言いたいのです。

それで、一九節の結論に到達します。

「ですから、神のみこころにより苦しみにあっている人たちは、善を行いつつ、真実な創造者に自分のたましいをゆだねなさい。」

勧められていることは二つです。第一は「ゆだねなさい」。「ゆだねなさい」＝任せなさい、という言葉は、長い旅に出るときに自分の財産を友人に任せる、そんなときに使う言葉です。そのようなとき、任せる相手によって、安心の度合いが違ってきます。私たちが、自分のたましいを、自分のいのちを任せるのは、「真実な創造者」です。全能の神であり、しかも信頼できる方です。ですから、本当に安心することができます。

もう一つ勧められているのは「善を行い」続けることです。パウロも「悪に負けてはいけません。むしろ、善をもって悪に打ち勝ちなさい」と私たちを励ましています（ローマ一二・二一）。

まとめ

クリスチャン生活において試練に耐えることは決して容易ではありません。疑問、不安、失望、様々な思いが生まれてきて、喜ぶことなど到底できないと思うかもしれません。しかし、私たちはペテロの勧めに従いましょう。まず、自分に非がないかどうか、改めるべきことがないかどうかをチェックしましょう。そして自分に問題がなければ、喜びましょう。主は試練を用いて、私たちを成長させてくださいます。また、現在キリストの苦しみにあずかることは、やがて神の栄光にあずかることになるから喜びましょう。さらに、聖霊が働いてくださるので、苦難にあっているキリスト者とともに喜びましょう。そして、私たちは自分を創造者である真実な神に任せ、善を行い続けましょう。

27　神の羊の群れを牧しなさい

〈Iペテロ五・一―四〉

「私は、あなたがたのうちの長老たちに、同じ長老の一人として、キリストの苦難の証人、やがて現される栄光にあずかる者として勧めます」(一節)。

主イエスの十二弟子の一人、ペテロが、後輩の長老たちに勧めた言葉です。その勧めは「あなたがたのうちにいる、神の羊の群れを牧しなさい」でした(二節a)。今日で言えば、牧師や宣教師をはじめとする教職者、教会のリーダーたち、教会に仕える人々について教えられる箇所です。

1　牧するとは何をすることか

「あなたがたのうちにいる、神の羊の群れを牧しなさい。」

教職やリーダーたちの働きが羊飼いになぞらえられています。羊飼いは何をするのでしょうか。遊牧民の世界ではだれもが知っていることですから、ペテロは説明していませんが、聖書のいろいろな箇所で語られている羊飼いの働きは四つあると思います。

(1) 養う

私たちは、今年の初め、しばらく旧約聖書の詩篇二三篇から学びました。そこには、こうありました。

「主は私の羊飼い。
私は乏しいことがありません。
主は私を緑の牧場に伏させ
いこいのみぎわに伴われます。」(一―二節)

羊飼いの働きは、第一に羊を養うことです。特に私たち教職にとって重要な務めは、神の言葉である聖書をもって会衆を霊的に養うことです。それは単なる知識の伝達ではありません。聖書の真理を意味あるものとして解き明かすことが必要です。そのため、自分自身が聖書を学ばなければなりません。神が私たちに何をお語りになっているか、神がどのような方か、私たちに対する神のご計画を知らなければなりません。同時に、教会に集う人々の生活、困難、課題を知らなければなりません。この世界の現実、人々の必要を知らなければなりません。人を知らなければ、人の必要に応えることができません。

(2) 守る

第二の働きは、守ることです。これについては、ヨハネの福音書一〇章一一―一三節を読みましょう。主イエスはご自分のことを良い牧者だとおっしゃっています。

「わたしは良い牧者です。良い牧者は羊たちのためにいのちを捨てます。牧者でない雇い人は、羊たちが自分のものではないので、狼が来るのを見ると、置き去りにして逃げてしまいます。それで、狼は羊たちを奪ったり散らしたりします。彼は雇い人で、羊たちのことを心にかけていないからです。」

羊はしばしば危険にさらされます。狼や熊に襲われるかもしれません。崖から落ちるかもしれません。この世界には様々な誘惑があります。信じたから、洗礼を受けたから「もう大丈夫」なのではありません。C・S・ルイスの『悪魔の手紙』の中で、悪魔が甥の小悪魔に、信者になったばかりの若者をどうやって誘惑するか手ほどきをしています。クリスチャンになった人をキリストから取り返すことはできないが、実を結ばないクリスチャンにすることはできるというのです。クリスチャンには霊的な戦いがあります。神から離れるようにと誘惑されます。教会内の人間関係でつまずくこともあります。異端に引きずり込まれることもあります。牧者はそのような危険から羊を守らなければなりません。

(3) 導く

第三の働きは、導くことです。これもヨハネの福音書一〇章四節を見ましょう。

「羊たちをみな外に出すと、牧者はその先頭に立って行き、羊たちはついて行きました。彼の声を知っているからです。」

群れの先頭に立つこと、群れを導くことは簡単ではありません。群れを形成する兄弟姉妹たちは性格も異なり、背景も異なり、社会的立場も違います。若者たちと年配者たちの違い、「世代間の違い」もあります。

九十四歳で洗礼を受け、九十六歳で召された私の父は、ある山岳会の幹事をしていました。その山岳会の例会登山には、なんと数百人も集まるとのこと。あるとき、父は、そのような大人数の集団を先導するには、一番最後にいる足の弱い人たちのことを考えながら登ることだと教えてくれました。「教会の牧会も同じだな」と思いながら聞いたことを思い出します。

(4) 癒やす

最後は癒やす働きです。旧約に戻り、エゼキエル書三四章一六節前半を読みましょう。

「わたしは失われたものを捜し、追いやられたものを連れ戻し、傷ついたものを介抱し、病気のものを力づける。」

私たちは罪によって歪み、病んだ世界に住み、私たち自身も罪の結果として、様々な傷を負って人生を歩んでいます。幼いころ、親の愛に包まれて無条件に安らぐ経験に乏しかった人は、神を信頼しきれないかもしれません。人生に対して積極的なイメージをもつことができなかった親から、負の遺産を受け継いでいる人もいます。親からいつも急き立てられていた人は、自分で自分を駆り立て、どんなに頑張っても不安です。また、私たちの人生は、絶えず病気、怪我に脅かされます。過去に犯した罪のために罪責感に悩まされている人もいます。そのような人々が癒やされていくことを祈り、その話に耳を傾け、痛む人々に寄り添っていく。それが教会の羊飼いの務めなのです。

2　どのような姿勢で牧するのか

ペテロの手紙に戻ります。ペテロはここで、どのような姿勢で牧会するのかということも語っています。「何々ではなくて、何々」という言い方を三回繰り返しています。

(1)　強制されてではなく自発的に

「強制されてではなく、神に従って自発的に」（二節b）。

自発的に働くことと、強いられてすることでは、大きな違いがあります。強いられてする奉仕はストレスになり、疲れます。自発的に喜んでする奉仕は、疲れても心地よい疲れです。喜んで働く人のもとに人は集まって来ます。それは会社でも教会でも同じでしょう。

(2)　利得を求めず心をこめて

「また卑しい利得を求めてではなく、心を込めて世話をしなさい」（二節c）。

他の人のために、他の人の世話をしているはずが、いつのまにか、自分の利益のため、自分の満足のために奉仕してしまうことがあります。主イエスご自身は、ご自分の利益のためではなく、文字どおり、私たちにいのちを与えてくださいました。私たちも奉仕していくとき、報いを求めず、ただ与えることを喜びとしたいと思います。

(3) 支配せず模範となって

「割り当てられている人たちを支配するのではなく、むしろ群れの模範となりなさい」（三節）。

「支配」という言葉は、大げさかもしれませんが、私たち罪人には、周囲の人を「支配する」危険性があります。すべて自分の思いどおりに人を動かそう、人を従わせようとするのであれば、それは「支配」です。しかしまた、集団をリードする立場に立つなら、他の人々がついて来てくれなければ困ります。どうしたらよいのでしょう。ここに二つの示唆があります。

一つは、教会が「神の羊の群れ」と言われ、教会に属する人々が「割り当てられている人たち」と言われていることです。「私の教会／私の群れ」ではない。神が自分に託された群れだ、というところに、繰り返し帰って行く必要があるのです。神ご自身が、まさに「大牧者」（四節）であって、自分は、神ご自身の下で働くしもべ、小牧者だという自覚に立つことです。

そして、もう一つは「群れの模範」になることです。リーダーは「こうしてほしいな」と思うことを、自分自身がすることです。こうなってほしいという者に自分自身がなることです。

群れを養い、守り、導き、癒やす働きを、自発的に、心を込めて、自らが模範となって実行していくなら、神ご自身が報いてくださいます。「そうすれば、大牧者が現れるときに、あなたがたは、しぼむことのない栄光の冠をいただくことになります」(四節)。

結び

多くの方々は、「きょうの聖書箇所は牧師や副牧師に向けてのメッセージだな」と思われるでしょう。そのとおりです。しかし、フルタイムで牧会伝道に当たる「教職」だけのことではありません。部の働き、グループの働き、どんな小さな奉仕でも、神の教会のための奉仕をしていく兄弟姉妹方について言えることです。ですから、ここにおられる多くの方々も、ペテロの勧めの言葉を心に受けとめていただきたいと思います。もちろん、このような働きにフルタイムでついている私ども教職が、こうした務めをしっかり果たせるように、お祈りいただきたいと思います。

28　互いに謙遜を身に着けなさい

〈Iペテロ五・五—七〉

ペテロがこの手紙を宛てた教会（今日ではトルコの西部と北部にあたる地域の教会）は、様々な困難にあっていました。中でも、ローマ帝国への忠誠を強いられ、それが皇帝崇拝の強制につながっていく、そのような状況にありました。それは、日の丸に深々とお辞儀をし、天皇を賛美する歌、君が代を歌うことを強制される今日の日本の状況と似ています。そのような中でクリスチャンとして生きていくことは、決して簡単なことではありませんでした。

そこで、信徒たちを励ますために書いたのが、この手紙です。迫害や困難にあって、群れの一人ひとりがしっかりとした信仰に立つこと、また、教会のリーダーたちがしっかりと群れの牧会をすることが必要でした。それで、先週見たように、長老たちには「神の羊の群れを牧しなさい」という勧めがなされたのです。きょうはその続きです。

1　互いにへりくだる

五節を読みましょう。

「同じように、若い人たちよ、長老たちに従いなさい。みな互いに謙遜を身に着けなさい。

『神は高ぶる者には敵対し、
へりくだった者には恵みを与えられる』

のです。」

冒頭に「同じように」とあります。長老たちが神に従い、与えられた責任をしっかり果たすのと同じように、若い世代の人たちも、長老たちのリーダーシップに従い、協力するように、ということです。しかし、リーダーたちが一方的に服従させるということではありません。そこで、ペテロは「みな互いに謙遜を身に着けなさい」と続けます。

皆さんの中には、「きょうは教会に行くのに、何を着ていこうか」と思案した方がおられるでしょう。猛暑が一転、梅雨が戻ってきて、この数日、何を着るか判断が難しいからです。しかし、どんな服装をするにせよ、クリスチャンが必ず身にまとわなければならないものがあります。それは「謙遜」という衣です。実は、「身に着けなさい」と訳されている言葉は、衣服を着るという意味なのです。謙遜という衣を身にまといなさい、ということです。教会の中でリードする立場の人もリードされる人たちも、互いに謙遜であることが大切です。しかし、その大切なことが実に難しいのです。「自分は正しい。相手は分かっていない。」このように思って、それぞれ自分の確信を譲らず、一緒に奉仕することが難しくなったりします。「謙遜」という衣を身に着けるにはどうしたらよいのでしょうか。続くペテロの言葉が、「謙遜への道」を指し示しています。

2　謙遜になるために、心に留めるべき三つのこと

(1)　謙遜こそ祝福の道であることを覚えよう

ペテロは五節の最後に、箴言のみことばを引用し、「『神は高ぶる者に敵対し、へりくだった者には恵みを与えられる』のです」と書いています。謙遜こそ神の祝福にあずかる道であることを、聖書は繰り返し教えています。旧約聖書から特に印象的なことばを二つ引用しましょう。

まず、箴言一八章一二節です。

「人の心の高慢は破滅に先立ち、
謙遜は栄誉に先立つ。」

心高ぶる者は早晩、破滅することになるが、反対に謙遜な者は神からも人からも高く評価されることになる、ということです。
もう一つはイザヤ書五七章一五節です。

「いと高くあがめられ、永遠の住まいに住み、
その名が聖である方が、こう仰せられる。
『わたしは、高く聖なる所に住み、
砕かれた人、へりくだった人とともに住む。
へりくだった人たちの霊を生かし、
砕かれた人たちの心を生かすためである。』」

(2) へりくだりは神の御前でのへりくだりであることを覚えよう

六節前半に「ですから、あなたがたは神の力強い御手の下にへりくだりなさい」とあり

ます。私たちは、たとえ人の前で誇ることのできる何かがあったとしても、神の前では誇ることはできません。すべてのものを神から受けているのですから。旧約聖書でヨブは、繁栄の絶頂から、一気に家族や財産を失う悲しみを味わったとき、こう語りました（ヨブ一・二一）。このみことばもぜひ心に留めておきましょう。

「私は裸で母の胎から出て来た。
また裸でかしこに帰ろう。
主は与え、**主**は取られる。
主の御名はほむべきかな。」

自分のいのち、自分の財産、自分の人生のすべてが、神の御手の中にあることを意識するとき、私たちは神の御前にへりくだる者とされるのではないでしょうか。

(3)　神が私たちのことを心配し、ちょうど良い時に高くしてくださることを覚えよう

第三に大切なことは六b―七節です。

「神は、ちょうど良い時に、あなたがたを高く上げてくださいます。あなたがたの思

い煩いを、いっさい神にゆだねなさい。神があなたがたのことを心配してくださるからです。」

今から三十八年前のことです。私は五年間の留学生活を終えて、日本に戻って来ました。帰国して一、二か月もしたら、どこかの教会に招聘していただき、奉仕を始めたいと思っていましたし、当時私が所属していた福音自由教会では、牧師を必要としている教会がいくつかありましたから、すぐに依頼が来ると信じていました。一九八〇年九月の初旬に、懐かしい日本の土を踏みました。しかし、何の依頼もありませんでした。二人の子どもが生まれ、四人でとりあえず大宮の実家に滞在しました。牧師のいない教会に頼まれてメッセージに行くことはあるのですが、「牧師として来てほしい」という声はかかりません。十月になり、十一月になり、やがて十二月になっても、声はかかりませんでした。五年間の留学で生活資金はほぼ底をついていましたから、心細い数か月でした。

しかし、十二月の半ばになって、埼玉県の草加市にある草加福音自由教会から、初めて「祈ってほしい」と言われ、やがて一月末に、一家四人は草加に引っ越すことになりました。結局四か月半、無職で浪人生活をしたことになります。

しかし、まもなく、それが「ちょうど良い時」であったことに気がつきました。その四か月半は、留学生活の疲れを癒やし、家族親族との交わりを深める時となりました。その間に、やり残していた学位論文のタイプができました。日本での生活に慣れ、さびついていた説教の剣を研ぐ時にもなりました。しかも、長女が幼稚園に入園する年齢でしたので、それに間に合いました。新年度の生活準備に二か月の時が与えられました。さらに、何よりも「教職の資格をもち、五年間も留学してきた私は、すぐにも招聘されるはずだ」という高慢な思いを砕かれる時となりました。

私はこの経験を通して、「神は、ちょうど良い時に、あなたがたを高く上げて」くださる方であると知りました。また、神が私たちのことを心配してくださっていることがよく分かりました。

結び

私たちが今持っているもの、行っていること、能力、立場、資格、そして何よりもこの命。何一つ私たち自身のものではありません。すべてが神からの贈り物なのです。ですから、神の御前にへりくだりましょう。神の時を待ちましょう。私たちが自分のことを知っている以上に、神は私たちのことを知っていてくださいます。そして、私たちのことを心配し、ちょうど良い時に私たちを高く上げてくださいます。「ですから……神の力強い御手の下にへりくだり」ましょう。

よくよく考えれば、神ご自身が「へりくだりの神」です。御子イエス・キリストは神として栄光を捨てて人となり、辱めを受け、十字架の苦しみにあわれました。父なる神も、ご自分のひとり子を十字架の死に渡すという痛みを通られました。神ご自身が「へりくだりの神」なのです。その神を信じ、その神に従う私たちが、どうして高ぶることができましょう。どうして自らを誇ることができるでしょうか。主の御前にへりくだり、主ご自身によって謙遜の衣を着せていただきましょう。

29　霊的な戦いを自覚し、神を信頼しよう

〈Ⅰペテロ五・八―一一〉

先週、私たちはこの手紙を通して、「謙遜であることの大切さ」について学びました。謙遜になることは難しい課題です。そこで、どうしたら、謙遜になることができるか。この手紙が明らかにしていることをお話ししました。高慢になりやすい私たちがへりくだる。そこには、霊的な戦いがあります。そこで、ペテロは続いて、クリスチャンの日々の生活に霊的な戦いがあることを自覚するよう促すのです。

1　目を覚ましていなさい（八節）

「身を慎み、目を覚ましていなさい。」

八節の頭のところで、「身を慎み、目を覚ましていなさい」とあります。「身を慎みなさい、そして目を覚ましていなさい」と繰り返し命じているのです。「身を慎みなさい」と

いう言葉は、お酒に酔わないでいる、しらふでいる、という意味です。それから「目を覚ましていなさい」という言葉には、寝ずの番をする、という意味があります。いつも気をつけていなさい。いつでも警戒する必要がある、ということです。いったい何を警戒するのでしょうか。

「あなたがたの敵である悪魔が、吼えたける獅子のように、だれかを食い尽くそうと探し回っています」(八節b)。

十数年前、シンガポールの教会にお招きいただいたとき、何人か教会員の方々と一緒に、夜の動物園に行ったことがあります。ライオンのいるコーナーで、突然、暗闇の中でライオンが吼えたときは、さすがにびっくりしました。「吼えたける獅子のように、だれかを食い尽くそう」という表現から、獲物を求めて歩き回る「悪魔」の恐ろしい姿を思い浮べることができます。

ペテロがこのように書いたのは、ローマ帝国の中で起こってきている迫害が、これから一層激しいものとなることを予測したためかもしれません。主イエスから荒野で悪魔の試みにあったことを聞いていたことでしょうし、主イエスと行動を共にするなかで、悪霊に憑《つ》かれた人たちの現実を何度も目にしたことでしょう。ペテロ自身、主イエスから「シモン、シモン。見なさい。サタンがあなたがたを麦のようにふるいにかけることを願って、聞き届けられました。しかし、わたしはあなたのために、あなたの信仰がなくならないように祈りました。ですから、あなたは立ち直ったら、兄弟たちを力づけてやりなさい」と言われたこと（ルカ二二・三一―三二）を、幾度となく思い起こしたことでしょう。

実際、彼は主イエスを見捨てる経験をしました。幸い、自身は主に立ち返ることができましたが、十二弟子の仲間の一人は、イエスを売り渡すという恐るべき思いを悪魔から吹き込まれ、それを拒むことができず、決定的に裏切ることになりました。ですから、ペテロは悪魔の存在を強く意識していたことでしょう。

ペテロだけではありません。エペソ人への手紙六章一二節でパウロもこう書いています。

「私たちの格闘は血肉に対するものではなく、支配、力、この暗闇の世界の支配者たち、また天上にいるもろもろの悪霊に対するものです。」

私たちは、悪魔という存在を意識している必要があります。しかしまた、悪魔のことばかりに思いがいって、いたずらに恐れたり怖がったりするなら、それはまさに悪魔の思う壺です。

一九九〇年代の初めのころ、日本の教会で、悪魔、悪霊との戦いを過度に強調する動きがあって、かえって教会を混乱させていたことがありました。それで、『聖書が教える「霊の戦い」』という本を書いて出版していただき（いのちのことば社、一九九四年）、一九九四年の秋にこちらの教会でも講演会をいたしました。聖書は、悪魔、サタン、悪霊といった存在のあることを教えています。それを無視することは危険です。しかしまた、それに過度の関心を向けることも危険で、それで教会は混乱し、悪魔の思う壺にはまってしまうことになります。それではどうしたらよいのでしょうか。

2　悪魔に対抗する（九―一一節）

九節でペテロは、「堅く信仰に立って、この悪魔に対抗しなさい」と命じています。どうやって悪魔に対抗するのでしょうか。彼は三つのことを提案しています。

(1)　堅く信仰に立つ（九節a）

第一のことは「堅く信仰に立」つことです。微妙な違いですが、「堅い信仰に立つ」とは言っていません。「堅く信仰に立つ」のです。信仰そのものの強さが鍵ではありません。信仰にとどまり続けることです。自分の中にある力、確信ですらなく、神の愛、キリストの救いの確かさにとどまり続けることです。

私たちは弱いのです。無力です。誘惑に負けやすいのです。もっと強くならなければ、と思うかもしれません。そうではない。むしろ、自分の弱さを認め、正直に認め、主に拠り頼むことです。主ご自身の約束をしっかりと握りしめることです。ヨハネの福音書一〇章二八―二九節のすばらしい約束を心に留めましょう。

「わたしは彼らに永遠のいのちを与えます。彼らは永遠に、決して滅びることがなく、また、だれも彼らをわたしの手から奪い去りはしません。わたしの父がわたしに与えてくださった者は、すべてにまさって大切です。だれも彼らを、父の手から奪い去ることはできません。」

主は、主を信じる私たちを永遠に守ってくださいます。何と幸いなことでしょう。また、私たちを「すべてにまさって大切」だと言ってくださるのです。何という幸いでしょうか。この主に頼り続けることです。

(2)　主にある同信の仲間たちと苦しみを共有していることを覚える（九節b）

ペテロの手紙に戻ります。五章九節の後半に、こうあります。

「ご存じのように、世界中で、あなたがたの兄弟たちが同じ苦難を通ってきているのです。」

罪によって腐敗し、悪魔が巧みに働くこの世界において、キリスト者は苦しみを避けることはできません。最後の晩餐の席で、主イエスが弟子たちに語られた、その最後の言葉はこうでした（ヨハネ一六・三三b）。「（あなたがたは）世にあっては苦難があります。しかし、勇気を出しなさい。わたしはすでに世に勝ちました。」ヘブル人への手紙一一章三八節には、信仰に生きた人々にとって「この世はふさわしくなかった」と言われています。悪魔が私たちの心に吹き込む思いの一つは、「自分だけがどうしてこんな目にあうのか」という思いです。私たちが自己憐憫や被害者意識に陥り、「神は不公平だ、不当だ」と、神への信頼を失うよう仕向けるのです。自分だけ、という思いのうちに、私たちが孤立するようにするのです。ですから、共に分かち合うことが大切です。

(3)　神ご自身が強めてくださることを覚える（一〇―一一節）

「あらゆる恵みに満ちた神、すなわち、あなたがたをキリストにあって永遠の栄光の中に招き入れてくださった神ご自身が、あなたがたをしばらくの苦しみの後で回復させ、堅く立たせ、強くし、不動の者としてくださいます。どうか、神のご支配が世々限りなくありますように。アーメン。」

神はどのような方でしょうか。何をしてくださったでしょうか。神は「あらゆる恵みに満ちた神」です。私たちのために愛する御子イエスを十字架の死に渡し、私たちの罪を無条件で赦してくださった恵みの神です。「あなたがたをキリストにあって永遠の栄光の中に招き入れてくださった神」です。永遠に滅ぶべき者が、永遠の栄光に招き入れられたのです。そのために御子キリストをお与えくださったのです。確かに「しばらく」苦しむでしょう。しかし、その苦しみは永遠に続くものではありません。「しばらくの苦しみの後で回復させ、堅く立たせ、強くし、不動の者としてくださいます。」

苦しみの中にあるときは、何はともあれ、この苦しみがある以上、何も慰めにはならないと思います。しかし、私たちはこの約束を信じたいと思います。「しばらくの苦しみの後で回復させ、堅く立たせ、強くし、不動の者としてくださいます。」今しばらく、苦しみに翻弄されるかもしれません。悲しみに沈むかもしれません。しかし、その苦しみの間も、神の御手から離れるわけではありません。しばらくは動揺するかもしれません。しかし、時が来れば、「堅く立たせ、強くし、不動の者としてくださ」るのです。神ご自身がそう約束してくださっています。

そこで、私たちは祈ります。ペテロと共に祈るのです。「どうか、神のご支配が世々限りなくありますように。アーメン」と。

結び

私たちは絶えず問われます。「あなたは神を信頼していますか」と。そこに霊的な戦いがあります。悪魔は、私たちの心に疑い、あきらめ、自己憐憫の思いを生じさせ、神を見上げることができないようにさせるのです。

ですから、目を覚ましていましょう。霊的な戦いがあることを覚えましょう。悪魔の力、誘惑をいたずらに怖がる必要はありません。主の御手のうちにある私たちは、決して悪魔の手に陥ることはありません。しかし、悪魔に惑わされて、喜びの少ないクリスチャン生活を送ることになってしまうかもしれません。ですから、主を見上げましょう。

30　恵みの中に、しっかりと立って

〈Ⅰペテロ五・一二―一四〉

ペテロの手紙第一の講解は、きょうが最終回です。手紙の最後にあるあいさつを見ていきましょう。一二節の最後に、ペテロは「この恵みの中にしっかりと立っていなさい」と勧めています。「この恵み」とは何でしょうか。

1　神の恵み（一二節b）

一二節全体を読みましょう。

「忠実な兄弟として私が信頼しているシルワノによって、私は簡潔に書き送り、勧めをし、これが神のまことの恵みであることを証ししました。この恵みの中にしっかりと立っていなさい。」

「この恵み」は、「神のまことの恵み」です。この手紙で書いてきたことが神の恵みであるというのです。この手紙の内容を初めからすべて読み返すことは、ここでしません。しかし、その内容を最もよくまとめて表現している一節が、すぐ前にあります。一〇節です。

「あらゆる恵みに満ちた神、すなわち、あなたがたをキリストにあって永遠の栄光の中に招き入れてくださった神ご自身が、あなたがたをしばらくの苦しみの後で回復させ、堅く立たせ、強くし、不動の者としてくださいます。」

この手紙で繰り返し語られてきたことは、キリスト者が経験する苦しみでした。様々な悩み、困難がありますが、とりわけ、悪口を言われたり、意地悪をされたり、迫害されたりすることです。しかし、どのような苦しみにあおうとも、苦しみは永遠ではない。しばらくの苦しみの後で、神が回復させてくださいます。神が堅く立たせてくださいます。

そのようなことが頭では分かっていても、実際に困難に直面すると、神の恵みから外れてしまったように思いやすい私たちです。しかし、それは違います。どのようなことがあっても、私たちは神の恵みの御手のうちにあるのです。イザヤ書六三章九節に、苦しむ神の民に対する神ご自身のケアが次のように語られています。

「彼らが苦しむときには、いつも主も苦しみ、
主の臨在の御使いが彼らを救った。
その愛とあわれみによって、主は彼らを贖い、
昔からずっと彼らを背負い、担ってくださった。」

ですから、「この恵みの中にしっかりと立っていなさい」とペテロは励まします。恵みの中にとどまり続けなさい、と私たちにも主は語りかけてくださいます。

2　交わりの恵み（一二—一四節a）

きょうの箇所から、もう一つ教えられることがあります。それは「交わりの恵み」です。

(1)　シルワノ

まず一二節で、ペテロは、「忠実な兄弟として私が信頼しているシルワノによって、私は簡潔に書き送り、勧めをし、これが神のまことの恵みであることを証ししました」と書いています。シルワノは、使徒の働きでは「シラス」と呼ばれています。もともとはエルサレムにいましたが、パウロやバルナバがアンティオキアからやって来て開いたエルサレ

ム会議のあと、パウロとバルナバについてアンティオキアに下りました。そのあと、パウロの二回目の伝道旅行で、パウロがアシスタントとして選んだ人物です。このシラスについて、ペテロは「忠実な兄弟として私が信頼している」と書いているのです。シラスは自分に委ねられた責任をしっかり果たす人でした。また、シラスには人を励ます賜物もあったようです。アンティオキアでシラスは「多くのことばをもって兄弟たちを励まし、力づけた」と言われています（使徒一五・三二）。

そのシラス＝シルワノが、ペテロの手紙を口述筆記するとともに、その手紙を携えて行こうとしていました。ですから、ペテロは簡潔に書くだけで良かったのです。シラスはペテロの手紙を朗読するとともに、その意味するところを説き明かす役割を果たすことができたからです。

ペテロは偉大な教会の指導者でしたが、彼一人が働いたわけではありませんでした。彼には良き協力者がいました。忠実な協力者がいてくれることは、とても幸いなことです。私たちも教会の奉仕をするとき、共に労する仲間の存在が、どれほど有難いことでしょう。あなたのシラス、シルワノはだれでしょうか。あなたはだれかのシラス、シルワノになっているでしょうか。

(2) バビロンの教会

「あなたがたとともに選ばれたバビロンの教会と、私の子マルコが、あなたがたによろしくと言っています。」

ここで言う「バビロン」とはローマのことです。ここには「教会」という言葉そのものはなく、直訳すれば、バビロンにある「選ばれた者」です。それが原語のギリシア語では女性形なので、第三版のように「選ばれた婦人」と訳すことも可能ですが、言おうとしているのは教会のことなので、「選ばれたバビロンの教会」と訳しています。

ところで「あなたがたとともに選ばれた」とあります。その「あなたがた」とは、この手紙を宛てている、今日でいうトルコの教会です。ですから、「あなたがたトルコの教会の皆さんと同じように、神によって選ばれたローマの教会の皆さんが、よろしくと言っています、と書いているのです。千キロメートル、いえ二千キロメートルも離れた、主にある兄弟姉妹が、あいさつを交わしているのです。

会ったことがなくても、見たことがなくても、遠く離れた教会の間に交わりが成り立ちます。そこに、クリスチャンの交わりのすばらしさがあります。

(3) マルコ

ペテロはここで、「私の子マルコが、あなたがたによろしくと言っています」と書いています。マルコは、マルコの福音書を書いたマルコです。彼は、もともとエルサレムにいました。彼の家には、イエスと弟子たちがしばしば出入りしていたようです。そのころ彼はまだ若者でした。

その後、マルコはアンティオキアに来て、パウロとバルナバの伝道旅行について行くことになりました。ところが旅の途中でパウロとバルナバから離れ、アンティオキアに帰ってしまいました。そのため、二回目の伝道旅行に出発するとき、パウロはマルコを連れて行くことに反対し、その結果、パウロとバルナバは別行動を取ることになりました。マルコは奔放というか、無責任というか、未熟なところがあったのでしょう。それでパウロから叱られ、バルナバに拾ってもらいました。

しかし、こうした経験を通してマルコは成長したのでしょう。やがて、彼はローマでペテロの働きを支えるようになりました。それで生まれたのがマルコの福音書です。パウロも、立派に成長したマルコを頼りにするようになり、テモテに宛てた第二の手紙で、「マルコを伴って、一緒に来てください。彼は私の務めのために役に立つからです」と書いています（Ⅱテモテ四・一一）。

どのような働き人にも、育てた人がいるものです。かく言う私にも「祈りの母」と言うべき方がいました。五、六年前に召された、浦和福音自由教会のMさんでした。まだ高校生か大学生だったころ、前橋の舟喜ふみ先生のことも、この方から聞きました。本当によく祈る人で、私が献身するときも、牧師になったときも貴重な助言を下さいました。また結婚のことも心配し、動いてくださいました（詳細は省きますが）。Mさんの祈りによって育てられてきたことを思います。

クリスチャンの交わりには、育てる交わり、育てられる交わりがあります。あなたはだれによって、成長させられてきたでしょうか。そのことを感謝していますか。また、あなた自身はだれかを育てていますか。

(4) 愛の口づけ（一四節a）

「愛の口づけをもって互いにあいさつを交わしなさい。」

ユダヤ教では、弟子がラビの頬に口づけするのが慣わしでした。二世紀の教会の記録には、聖餐式の前にお互い頬に口づけを交わし、愛と一致を表現しました。ハグし合うとか、握手を交わす教会は、世界的に見れば少なくないと思います。控えめな私たち日本人は、なかなかできませんが、それにしても、互いに愛と一致を表現し合うことは大切です。私たちは今後、どのように表現したらよいのでしょうか。

3　結びの祈り（一四節b）

こうした横のつながり、キリスト者同士の交わりによって私たちは支えられ、導かれ、成長し、教会が教会として成り立っていくのです。こうした交わりを通して、神の恵みの確かさを体験する、と言ってもよいでしょう。苦しむことがあっても、悩むことがあっても、平安を与えられるのです。そこで、ペテロは平安を祈る言葉をもって、この手紙を結びます。「キリストにあるあなたがたすべての者に、平安がありますように。」

私もこの祈りをもってペテロの手紙第一の講解を終えたいと思います。

「キリストにあるあなたがたすべての者に、平安がありますように。」

おわりに

四十数年前のことですが、米国のトリニティ神学校で学んでいたとき、『新約聖書緒論』（いのちのことば社）の著者として知られているエヴェレット・ハリソン教授が、フラー神学校から客員教授として来て、ペテロの手紙第一のギリシア語のテキストを丁寧に講じてくださいました。そのクラスで、この書簡に関する歴史的、神学的な課題について小論文を書くよう求められ、私は「ペテロの手紙第一における迫害について」というテーマを選びました。そのリサーチを通して、私たちキリスト者がこの地上の歩みにおいて、様々な闘いを経験し、ときに不当な苦しみにあうこと、神はその苦しみの中で私たちにご自身を現してくださることを教えられたことでした。

その後、スコットランドでさらに学び、帰国して十年、埼玉県草加市で牧会に当たりましたが、この地上で神の民として歩む人々の種々の困難に関わりながら、「大牧者」である主のもとで働く幸いを経験いたしました。その奉仕を終えて、神学校（聖書宣教会・聖書神学舎）の専任教師になったころ、ある事情から、所属していた教会を離れて、新たな教会を立ち上げようとしている兄姉たちに、みことばをもって仕える機会が与えられました。そのとき示されたのが、この書簡の講解でした。

月に一回の奉仕なので、一九九二年の年頭から二年半かかりましたが、苦しみを通って来られた群れの兄姉たちに説き明かすことを通して、自らが養われたように思います。

二〇〇七年、還暦を迎えた私は、一教会の牧師として再び働くよう、主から促されました。それまでの十六年間、全国各地の教会に招いていただき、ときには海外の教会にも伺って、みことばをお分かちできたことは幸いな恵みでした。しかし、牧する群れの人々と日常的に喜びや悲しみを共有しつつ、みことばに向かうという点では、今ひとつ足りないものを感じていたのです。

そのようななかで二〇〇八年春、主は私を日本福音キリスト教会連合（JECA）前橋キリスト教会を牧するよう導いてくださいました。この群れには十六年にわたり、神学校の教師として招かれ、みことばを語ってきていましたが、その後は、毎週、しかも様々な課題に関わりながらの説教となりました。そこで、まず語らせていただいたのが使徒の働きです。一地域教会に仕えるようになり、改めて教会とは何かを、初代教会の歩みから学びました。それが終わると、さかのぼってルカの福音書に向かいました。イエス・キリストご自身を知らせていただきたかったのです。そして、講解すべき第三の書として導かれたのが、このペテロの手紙第一でした。重荷を負いながら、様々な試練にあいながら人生の旅路をたどる教会の方々とともに歩むうちに、おのずからこの書に関心が向けられていったのだと思います。

こうして前橋キリスト教会の愛する兄姉に、主日ごとに語るよう導かれた「ペテロの手紙第一講解」が、一冊の書となり、広くお読みいただけるのは感謝なことです。ただし、当然のことながら、教会で語った説教ノートに少なからず手を加えることになりました。前橋の会衆にしか通じない例話は省かなければなりませんし、逆に、少し説明を加える必要もありました。いずれにせよ、神のことばに心の耳を傾ける「見えない会衆」に、できるかぎり語りかけるつもりで、筆を加えたことです。

このささやかな書を著す奉仕の「すべてにおいて、イエス・キリストを通して神があがめられ」ますように。「この方に栄光と力が世々限りなくありますように。アーメン」(四・一一)。

二〇一九年四月

内田和彦

＊聖書 新改訳 2017© 2017 新日本聖書刊行会

地上で神の民として生きる

2019年5月20日 発行
2023年8月20日 再刷

著　者　内田和彦
印刷製本　日本ハイコム株式会社
発　行　いのちのことば社
〒164-0001 東京都中野区中野2-1-5
電話 03-5341-6922（編集）
03-5341-6920（営業）
FAX03-5341-6921
e-mail:support@wlpm.or.jp
http://www.wlpm.or.jp/

ISBN 978-4-264-04056-9